JOHN LLWYNGWERN

John Llwyngwern yn Rhagfyr 2008

John Llwyngwern

Gol. Lowri Rees Roberts

Argraffiad cyntaf: 2013

ⓗ Lowri Rees-Roberts / Gwasg Carreg Gwalch

Rhif rhyngwladol: 978-1-84527-427-6

Mae'r cyhoeddwr yn cydnabod cefnogaeth ariannol
Cyngor Llyfrau Cymru

Ailgyhoeddir darnau o waith yr awdur
drwy ganiatâd caredig *Llên y Llannau*

Llun clawr: Evan Dobson
Cynllun clawr: Eleri Owen, Pwllheli

Cyhoeddwyd gan Wasg Carreg Gwalch,
12 Iard yr Orsaf, Llanrwst, Conwy, LL26 0EH.
Ffôn: 01492 642031 Ffacs: 01492 641502
e-bost: llyfrau@carreg-gwalch.com
lle ar y we: www.carreg-gwalch.com

Cyflwynedig i
Sophia, Jordan, Nadine,
Llywarch a Ioan
i gofio am Taid

6

Rhagair – Dechrau byw

Roedd noson yr 11eg o Fawrth, 1935 yn eithriadol o ystormus yn ôl y sôn a'r afon wedi gorlifo ei glannau. Fe adroddodd y diweddar annwyl Robert Jones, Bro Hedd, y Bala, hanes y noson honno wrthyf laweroedd o weithiau: 'Rown i wedi dod yn hogyn i weithio gyda dy dad yn Llwyngwern wsti, ac yn cysgu yn y llofft pen isa, a dyma dy dad yn gweiddi, "Cwyd Robin a rhed i Fryn Amlwg i nôl yr hen Mrs Roberts." Roedd hi'n dywyll ac yn tywallt y glaw a finnau ddim yn siŵr lle'r oedd Bryn Amlwg yr ochr arall i'r Cwm, yng ngodre'r Aran. Roedd y bont o dan ddŵr a finnau'n gorfod mynd dros y cloddiau ac ar draws caeau. Roedd y ddau ohonom yn wlyb at ein crwyn, yn wlyb fel brain, cyn cyrraedd 'nôl i Lwyn-gwern.'

Mae gen i ddyled fawr felly i Bob a'r hen Ddodo Bryn Amlwg ac yn oriau mân bore'r 12fed o Fawrth y gwelais i olau dydd, neu yn hytrach ddwy gannwyll neu lamp baraffîn am y tro cyntaf. Yn y llofft honno y cysgais i am y deg mlynedd a thrigain wedi hynny – tipyn o record efallai?

Un o gartrefi Llanuwchllyn yw Llwyngwern. Roedd hi'n ystâd fechan ar un adeg a'r rhan fwyaf o dir Cwm Peniel yn rhan o'r ystâd honno a berthynai i Lord Vivian. Ceir manylion fod yr ystâd ar werth yn y Bala ym 1850 a mapiau sy'n dangos maint pob tyddyn a mesur y caeau.

Fy hen hen daid Robert Jones oedd tenant Llwyngwern ar y pryd ac mae'n debyg mai dyna pryd y daeth gweddill Cwm Peniel yn rhan o ystâd Syr Watkin Williams Wynne, sef ystâd Glan-llyn. Mae'n ddiddorol sylwi fod enwau llawer iawn o'r caeau wedi aros hyd heddiw.

Yn y llyfr *Hanes Bro a Theulu* ceir y sylw canlynol am ystâd Glan-llyn:

Ar stad Glan-llyn ym Meirionnydd, sef un o'r stadau niferus oedd yn perthyn i deulu Wynnstay, yr oedd teuluoedd ym mhlwyf Llanuwchllyn wedi byw am genedlaethau ar yr un ffermydd, teulu Jones yn Llwyngwern am dros 350 o flynyddoedd, teulu Williams yn Dwrnudon dros 300 mlynedd, teulu Edwards yn Nrwsnant 200 mlynedd, teulu Jones Cefn Gwyn 150 mlynedd a theulu Jones yn y Wern dros 300 mlynedd.

Mae'n debyg mai o'r un llinach y deuai Rowland John, Llwyngwern y talwyd 0-25-6c iddo am ladd llwynog, yn ôl Llyfr Festri 1736.

I'r olyniaeth hon y cefais innau fy ngeni ac mae gobaith y pery gan fod Hywel a Dewi, fy nau fab, bellach yn ffermio a dau ŵyr, Llywarch (12 oed) ac Ioan (8 oed) yn dechrau ymddiddori yng ngweithgareddau'r fferm.

Merch o'r un cwm oedd fy mam hefyd; does fawr o syndod felly fod fy ngwreiddiau mor ddwfn yn naear Cwm Peniel.

Gelwir y darn o'r cwm sydd rhwng y ffordd A494 a godre Aran Benllyn yn Garneddwen. Tir eitha garw ydyw ac roedd llawer ohono ar un adeg, gan ei fod yn dir comin – neu dir y Goron. Mae'n debyg pe gellid codi bwthyn neu dŷ bychan ar y tir hwnnw wedi machlud haul a chael mwg drwy'r simnai cyn toriad gwawr y gellid hawlio'r bwthyn ac ychydig o dir i'w ganlyn. Gelwid y tai hyn yn dai unnos.

Yn un o'r tai hyn, sef Pen-rhiw, y ganed fy mam ym 1901 a daeth brawd a chwaer i'w chanlyn ychydig yn ddiweddarach. Yno ym Mhen-rhiw ym 1875 y ganed ac y maged fy nain hefyd, yn un o wyth o blant. Clywais fod un o frodyr fy nain, saer maen wrth ei alwedigaeth, yn cerdded i'w waith yn argae Llyn Llanwddyn fore Llun ac yn cerdded adre i Ben-rhiw i gael dillad glân ar nos Wener.

Pan oedd fy mam tua deg mlwydd oed, symudodd y teulu i fyw i Lys Arthur. Tyddyn bychan ar waelod y cwm oedd y Llys ac yno y cofiaf fy nain a'm taid yn byw. Roedd y ddau yn gymeriadau hollol wahanol i'w gilydd. Roedd Nain yn dawel a ffeind, a galw cyson am ei gwasanaeth i ddod ag ambell faban i'r byd. Fodd bynnag, ffarwelio â thrigolion y cwm fyddai Taid, a oedd yn ŵr diamynedd iawn ac yn wyllt ei dymer. Bu'n hwsmon yn y Prys Mawr gan ddysgu llawer oddi wrth y milfeddyg enwog Evan Davies, Y Prys. Gelwid arno'n aml pe byddai buwch mewn trafferth lloia neu anhwylder ar geffyl a dywedir ei fod yn dra llwyddiannus ac yn llawer rhatach na galw ar y fet swyddogol mae'n siŵr.

Roedd fy nhaid a'm nain ar ochr fy 'nhad wedi marw cyn i mi gael fy ngeni ac ni welais hyd yn oed lun o John Jones fy nhaid ond mae sampler cofnodi ei farw yn dal ar y mur yn Llwyngwern.

Priododd fy 'nhad a'm mam ar yr 28ain o Hydref, 1925 a chartrefu yn Llwyngwern. Yn ôl y sôn roedd y 1930au yn gyfnod caled ac arian yn brin iawn. Bid siŵr i'm tad deimlo'r wasgfa gymaint tynnach gan ei fod wedi gorfod benthyca arian i dalu ei ran i'w chwaer a'i ddau frawd pan briodasant hwy a gadael Llwyngwern.

Pennod 1 – 'Mwy na mam fu mam i mi'

Dwy flynedd ar bymtheg yn unig a gefais i o gwmni fy mam ond fe gofiaf flynyddoedd fy mhlentyndod gyda rhyw dynerwch annwyl a blynyddoedd fy arddegau yn llawn parch ac edmygedd.

Ganed Mam ar y 14eg o Hydref, 1901 ym Mhen-rhiw ar ben y Garneddwen, yn ferch hynaf i Tomos a Catrin Parri. Fel y dywedais, hen dŷ unnos oedd Pen-rhiw ar un adeg a chofiaf fy mam yn adrodd mai llawr pridd oedd i'r bwthyn, a'r ddresel a'r cwpwrdd tridarn yn ffurfio terfyn rhwng yr ystafell gysgu a gweddill y tŷ.

Fe etifeddodd fy mam lawer o gymeriad ei mam hithau. Dynes dawel, addfwyn a charedig oedd fy nain a dynes felly oedd Mam hefyd. Byddai Nel, yr hen ast ddefaid, yn canlyn Mam o Ben-rhiw i'r ysgol yn y Pandy ac yn gorwedd yn dawel wrth ei thraed o dan y ddesg. Ac wedi iddi adael yr ysgol a hithau bellach yn forwyn yn Hen Dŷ'r Ysgol yn y Llan, byddai plant y pentre'n rhedeg ati am faldod ar ôl cael cerydd gartre. Dyna sut un oedd Mam, yn addfwyn a chlên, yn gallu ceryddu heb godi llais ac ni welais erioed wialen fedw ar yr aelwyd. Nid oes gennyf gof i'r un o'r ddau riant ein curo erioed a dweud y gwir – roedd cerydd tawel Mam yn ddigon.

Er na chafodd Mam ond ychydig o addysg yn Ysgol y Pandy, mae'n amlwg iddi wneud defnydd da o'r amser hwnnw. Mae prawf iddi ennill teilyngdod mewn arholiadau, yn enwedig arholiadau'r Ysgol Sul, ac mae'n debyg y buasai wedi cael dyfodol pur ddisglair pe byddai wedi dal ati â'i haddysg, ond yn hytrach dewisodd briodi fy 'nhad ac ymroi i waith fferm.

Ganed fy chwaer, plentyn hynaf y teulu, ym 1929. Roedd hwn yn gyfnod anodd i fyd amaeth, blynyddoedd lle'r oedd hi'n anodd cael deupen llinyn ynghyd, a does dim dwywaith na fu'n rhaid i Mam weithio'n galed am oriau hirion bob dydd. Er mai gwraig eiddil ydoedd, nid oes gennyf gof o'i gweld yn ei gwely yn sâl erioed, ar wahân i gur pen neu annwyd o bryd i'w gilydd. Ei ffisig at bob anhwylder felly fyddai glastwr llaeth enwyn poeth a thipyn o fenyn a lot o bupur ynddo. Doedd dim amser i fod yn sâl mae'n siŵr.

Roedd y golchi eisiau sylw ddydd Llun. Rhaid oedd dibynnu ar y tân agored am ddŵr poeth a hwnnw eisiau ei ailgynnau bob bore wrth gwrs. Hen fangl mawr oedd yr unig help i wasgu rhyw gymaint o'r dŵr o'r cynfasau ac roedd diwrnod sych, gwyntog yn fendith fawr ar ddydd Llun, neu byddai'r dillad gwlybion ar y lein yn yr helm ac o flaen y tân am ddyddiau.

Pobi bara oedd y gorchwyl bob dydd Mawrth ac weithiau byddai'n rhaid corddi hefyd. Rhaid fyddai cael tanllwyth o dân yn yr hen bopty mawr i bobi naw neu ddeg torth o fara ar gyfer yr wythnos. Yn aml byddai corddiad ddwywaith yr wythnos pan fyddai'r gwartheg yn llawn llaeth. Hyn i gyd yn ogystal â gwaith arferol tŷ ffarm megis glanhau a pharatoi bwyd.

Ychydig iawn o amser a gâi Mam i ymlacio ond wrth i bawb arall o'r teulu baratoi am ei wely, fe roddai flocyn arall o goed ar y tân, agor y blethen oedd wedi ei rowlio'n daclus y tu ôl i'w phen, glanhau ei sbectol yng ngodre'i brat, tynnu'r lamp baraffîn yn nes ac yna byddai'n ymgolli'n llwyr mewn llyfr – nofelau megis *Enoc Huws* a *Gwen Tomos* gan Daniel Owen ond hefyd byddai'n darllen pethau llawer trymach megis *Plannu Coed*, llyfr o bregethau Elfed.

Mae'n rhaid bod gan Mam grap go dda ar y Saesneg hefyd, peth go anarferol yng Nghwm Peniel yn y cyfnod hwnnw. Cofiaf fel y byddai Tomos Lewis 'Lwlw', hen was a oedd yma pan oeddwn yn blentyn, yn cael ambell lythyr Saesneg oddi wrth ei chwaer neu berthynas agos o gyffiniau Croesoswallt, gan gynnwys weithiau doriadau papur newydd, hanes gornestau bocsio Tommy Farr a Joe Louis a oedd yn arwyr i Lwlw, a chofiaf fel y byddai'n cynhyrfu trwyddo wrth i Mam ddarllen hanes ei arwr yn llorio'r gwrthwynebydd gyda rhyw 'right hook' neu 'straight left to the chin'!

Cofiaf i un frawddeg Saesneg lorio fy mam unwaith. Roeddwn wedi gorffen fy nhymor cyntaf yn yr ysgol ramadeg ac wedi cael adroddiad o waith y tymor i'w ddangos i'm rhieni a dyma'r frawddeg a roddodd y prifathro ar waelod yr adroddiad: 'He could do well if he perseveres.' Doedd Saesneg Mam ddim digon da i ddeall ystyr y gair mawr hwnnw.

Ganed fy mrawd bach ym 1939 a chofiaf fel y byddai Mam yn ei siglo i gysgu yn ei bram. Yr emyn a ganai bob amser wrth siglo oedd 'Pwy sy'n dwyn y brenin adre, pwy sy'n caru gweld ei wedd'. Fe ddysgais innau ganu'r emyn hwnnw pan oeddwn yn ifanc iawn gan fy mod yn cael y gwaith o siglo'r pram yn aml.

Pan oedd fy mrawd bach ond yn deirblwydd oed daeth rhyw anhwylder drosto a bu'n rhaid mynd ag o i'r ysbyty plant yn Lerpwl. Roedd yr Ail Ryfel Byd ar ei anterth a dinas Lerpwl yn un o dargedau mwyaf awyrennau'r Almaen. Mae'n anodd dirnad y gwewyr yr aeth fy mam drwyddo yn ystod yr wythnosau anodd hynny, yn methu cysylltu â'r teulu gartre, yn gofidio am gyflwr ei babi bach, a heb wybod pryd y byddai'r bom nesaf yn disgyn gan chwythu'r ysbyty'n gyrbibion efallai. Fe'i cofiaf i hi'n dweud na fu hi erioed mor falch o weld neb na phan gerddodd ei gweinidog drwy ddrws y ward, yntau wedi mentro ei fywyd drwy strydoedd black out dinas Lerpwl i fod yn gwmni iddi.

Effeithiodd colli'r bychan yn fawr ar fywyd Mam ond brwydrodd yn ei blaen yn ddewr. Roedd y rhyfel yn ei anterth a gorfodaeth ar ffermwyr i godi rhagor o fwyd o'r tir. Roedd yr oriau'n hir, y clociau ddwyawr o flaen yr haul yn yr haf ac awr yn y gaeaf. Roedd dogni ar fwyd ac arian yn brin ond rhaid oedd dal ati. Cofiaf fel y byddai carcharorion rhyfel yn cael eu rhannu hyd y ffermydd i helpu gyda gwaith y fferm. Byddai lorri yn eu gollwng wrth giât y ffordd yn y bore ac yn eu casglu tua phedwar o'r gloch i fynd â nhw'n ôl i'r gwersyll yn Llandrillo. Cofiaf am un yn arbennig a fu gyda ni am gyfnod go hir. Renso, Eidalwr gydag ychydig iawn o Saesneg ydoedd hwnnw. Fe alwai Renso heibio i'r tŷ bob bore i roi ei ddogn bwyd at ei ginio i Mam, tamaid o fara a darn bach o gaws neu fara ac un sosej fach, neu ddarn tenau o facwn. Disgwylid iddo wneud diwrnod o waith ar y lwfans tila hwnnw. Byddai Mam yn gofalu bod gwydraid o laeth a brechdan ar gongl y bwrdd bob bore a byddai Renso'n cyd-eistedd gyda phawb arall amser cinio. Y gath a gâi fwyd y gwersyll gan amlaf; yng ngeiriau Mam 'Doedd o ddim ffit i gi'. Roedd Mam wedi symud amser te hanner awr yn ei flaen hefyd fel bod y carcharor yn cael llond ei fol o fwyd cyn mynd yn ôl i Landrillo. 'Yn gymaint â'i wneuthur ohonoch i un o'r rhai hyn...'

Ni welais Mam yn siarad yn gyhoeddus erioed. Roedd hi'n selog iawn ym mhob oedfa ym Mheniel ac roedd cadw'r Sabath yn bwysig iddi. Mwynheai bregeth dda a gallai adrodd ambell i bregeth ar ei chof. Un o'r pregethau hynny oedd 'Pan ddaeth y bore weithian, safodd yr Iesu ar y lan'. Dyma'r unig destun pregeth sydd wedi aros yn fy nghof innau – pregeth Mam.

Er i'm chwaer, ar ôl iddi dyfu'n hŷn, fod yn gymorth mawr, daeth yn amlwg nad oedd Mam mewn cystal iechyd ac fe fyddai'r ymweliadau at y meddyg yn cynyddu a bu'n rhaid mynd â hi i'r ysbyty yng ngaeaf 1953. Cofiaf agor yr amlen a darllen y telegram o Ysbyty Maelor: *'Margaret Jones not so well today, please visit.'* Cofiaf fy ymweliad olaf â hi; fe'i cofiaf i hi'n gafael yn llaw fy chwaer a minnau ac nid anghofiaf fyth ei geiriau olaf, 'Cofiwch fod yn blant da.' Bu

Mam farw ar yr 17eg o Chwefror, 1953 yn 51 mlwydd oed.
Ydi, mae'n ddigon gwir,
       Cledd â min yw claddu mam.

Pennod 2 – Plentyndod

Ar aelwyd go dlawd, yn ariannol, y cafodd Catrin fy chwaer a minnau ein magu. Canlyniad y prinder arian wrth gwrs oedd na welsom lawer iawn o foethau'r byd hwn pan oeddem yn blant a rhaid oedd creu ein hadloniant ein hunain. Daeth aml i hen gi yn chwaraewr pêl ardderchog a chofiaf mai moch coed oedd fy nefaid. O bosib, yng nghanol y moch coed a'r hen gŵn y dechreuais i fy mhrentisiaeth fel bugail.

Daeth blynyddoedd y rhyfel rhwng 1939 a 1945 â rhagor o bwysau a gwaith. Byddai ambell swyddog digon di-glem yn mynnu fod tir hollol anaddas yn cael ei droi i godi cnydau megis ceirch a haidd a thatws. Er bod fy 'nhad yn gorfod cyflogi gwas, mae'n anodd dirnad heddiw sut yr ymgodyment â'r holl waith.

Cerdded i'r Llys Halt i ddal trên chwarter wedi wyth oedd y drefn foreol i fynd i Ysgol y Pandy ac mae ambell fore yn dal i aros yn y cof. Trowsus cwta dim ond at y pen-glin oedd y ffasiwn ar y pryd a chofiaf un bore oer felltigedig pan oedd barrug yn hongian wrth odre'r trowsus!

Bu dyddiau Ysgol y Pandy yn rhai digon pleserus ac addysgiadol. Pasiais y sgolarship a chael mynd i Ysgol Ramadeg y Bechgyn yn hen Ysgol Tŷ Tan Domen ym 1947. Saesneg oedd prif iaith yr addysg a'r ddisgyblaeth yn ddigon creulon a militaraidd yn aml ac er nad oedd y gwaith yn peri fawr o broblem i mi, ni allaf ddweud imi fwynhau fy nhair blynedd yno rhyw lawer. Gadewais y sefydliad hwnnw yn bymtheg oed heb sefyll yr un arholiad a dod adre i helpu 'Nhad. Roedd iechyd 'Nhad yn ddigon bregus. Dioddefai gyda brest wan ac yn aml iawn byddai'n bygwth mynd i swyddfa'r ystâd 'i roi'r hen le 'ma i fyny' ond gwyddwn mai dyna'r peth olaf a ddymunai. Er mai pymtheg oed oeddwn i, glaniodd holl gyfrifoldebau bugeilia i raddau helaeth ar fy ysgwyddau i. Roedd gwaith bugail yr adeg honno yn dra gwahanol i heddiw; mynydd agored a llawer o'r ŵyn yn cael eu geni yno a cherdded gyda chi a ffon oedd y patrwm, a doedd gweithio oriau hir yn amharu fawr arnaf. Bûm yn ffodus o gael ambell gi mynydd da ac yn fwy ffodus na dim cael cymdogion a bugeiliaid parod eu cymwynasau a'u cynghorion. Fe'm dysgwyd i roi gonestrwydd a chydweithio ar frig fy mlaenoriaethau a buan iawn y daeth y bugail bach i barchu a chael ei barchu gan y genhedlaeth hŷn. Un tymor yn unig y bu'n rhaid imi gerdded y tu ôl i ddeuben o geffylau i droi a thrin y tir. A dweud y gwir, fûm i erioed â llawer o gariad at geffyl. Cyrhaeddodd y *Massey* llwyd fuarth Llwyngwern yng ngwanwyn 1953 ond ni fu gen i lawer o gariad at hwnnw chwaith nac at unrhyw beiriant o'i fath hyd heddiw.

Ar ôl colli Mam roedd Catrin y ddigon hen i ofalu am y cartref a bu ein modryb Bet (Belw) ac Yncl Bill yn gefn ac yn gysur mawr inni fel teulu ar amser anodd.

Nid wyf yn honni bod yn Dduwiol ond mae capel bach Peniel wedi chwarae rhan annatod yn fy mywyd i ers dyddiau plentyndod cynnar. O do, rwyf wedi cael fy nghyhuddo droeon: 'Rwyt ti'n gul yn addoli yn yr hen gapel bach 'na.' Fy ateb i gyhuddiad o'r fath yw: 'Pan fyddi di wedi bod yn mynd i'r un addoldy yn ddi-fwlch am dri chwarter canrif, dyna pryd y bydd gennyt hawl beirniadu.'

Mae gen i barch at ddiaconiaid a chynulleidfa o gymdogion y cefais y fraint o gael fy magu a thyfu yn eu mysg. Cofiaf y Parchedig Rhys Thomas yn gweddïo amser rhyfel a'r dagrau'n llifo i lawr ei ruddiau. Dyna pryd yn bendant yr heuwyd yr had a'm gwnaeth yn heddychwr. Cofiaf un o'r diaconiaid yn siarad, a minnau ond yn rhyw bymtheg oed: 'Gobeithio y byddi di yma i gadw drws Peniel yn agored ar ôl i ni fynd.'

Rwy'n falch fy mod yn rhannol gyfrifol o leiaf am gadw'r

addewid honno, gan fod drws Peniel bach di-nod yn dal ar
agor.

Pennod 3 – Dyddiau ysgol

Mae'n rhaid mai diwrnod o Fedi ym 1940 oedd hi a minnau'n bump a hanner mlwydd oed pan groesais drothwy Ysgol y Pandy am y tro cyntaf. Cofiaf gael talp o glai i'w fowldio, peth hollol newydd i mi, ac mae arogl y clai ac arogl yr ystafell yn dal yn fy ffroenau hyd heddiw. Roedd yn gas gen i chwarae â chlai am ei fod yn mynd dan fy ewinedd!

Cofiaf alwad natur yn dod heibio rywbryd ganol y prynhawn a'r hogyn bach pum mlwydd oed yn rhy swil i rannu palas â'r merched mawr, er bod rhai o'r merched mawr yn ffeind iawn yn cynnig help i'r hogia bach i agor a chau botymau. Cofiaf hefyd ruthro allan ar derfyn dydd i fynd adre a chael codwm ar iard yr ysgol. Gan mai clos cwta oedd gennyf cefais anaf ar fy mhen-glin nes bod y gwaed yn llifo. Aeth yr athrawes â fi yn ôl i'r ysgol i sychu'r dagrau ac ymgeleddu'r pen-glin a'm cysuro cyn imi ei throi am adre. 'Mi gewch chi aml i godwm wrth fynd drwy'r byd, John,' meddai. Mor wir ei geiriau. Bu crachen ar ryw ben-glin imi'n barhaol. Ond onid yw ei geiriau'n wir yn hanes pob un ohonom ar daith bywyd wrth inni brofi aml i godwm?

Er bod gennyf gof clir o'r athrawes honno, go brin y gallwn gyfeirio ati mewn llun a dweud, 'Dyna hi Miss Davies!' ond cofiaf mai gwraig feinedd, weddol dal ydoedd ac mae'n rhaid ei bod hi'n wraig heini ryfeddol gan ei bod yn dod i'r ysgol bob dydd drwy bob tywydd ar ei beic o'r Parc. Dwi'n cofio ei llais a'i dywediad cyson, 'Very well' ac mae'n rhaid ei bod hi'n wraig garedig hefyd gan nad oes gennyf gof ohoni'n curo'r un o'r plant erioed. Rwy'n cofio rhai o'r merched mawr yn rhedeg i'w chyfarfod i ben y Gwalia, felly mae'n rhaid ei bod hi'n reit boblogaidd.

Dosbarth yr 'inffants' oedd dosbarth Miss Davies. Chwarae gyda chlai – gwneud coeden â changhennau gyda nyth clai yn fforch y gangen ac wyau clai yn y nyth – felly y dysgais gyfri un ac un. Byddai'r gog yn dod ac yn ychwanegu wy arall, 'Faint o wyau sydd yn y nyth rŵan?'.

Cofiaf hefyd ddosbarth y llechen las mewn ffrâm bren a'r bensel garreg gyda'i sgrech aflafar wrth iddi lithro ar draws y llechen weithiau. Byddem yn poeri ar y llechen a'i rhwbio â llawes côt neu siwmper er mwyn ei glanhau. Roedd hen grât yno hefyd a honno â thanllwyth o dân yn y gaeaf a chotiau gwlybion o'i flaen yn mygu.

Byddai rhai yn cerdded cryn bellter i'r ysgol – Robin a Winnie Jane o Ffriddgymen, a Dei Lloyd a Liz o Garth Ucha – ac fe fyddent yn cyrraedd yn wlyb domen yn aml. Er hynny, ychydig iawn fyddai'n colli'r ysgol oherwydd afiechyd. Tybed a yw plant yr oes hon yn cael gormod o faldod? Weithiau byddem yn cael tynnu ein cadeiriau bach yn gylch o amgylch y tân yn gartrefol braf. Cofiaf gael mygiad o Horlicks yn nosbarth Miss Davies a bisgeden weffar – roedd hynny'n beth newydd iawn i mi. Wedi symud i fyny'r ysgol, potel laeth oedd hi ganol bore a hwnnw wedi hanner rhewi weithiau yn y gaeaf ond yn dechrau suro ambell dro pan fyddai hi'n boeth ddechrau'r haf.

Cyntefig iawn oedd cornel bellaf yr iard yn y 1930au. Tanc olew sydd yno heddiw ond bryd hynny nid oedd hyd yn oed ddrws ar stabl y bechgyn bach a byddai'r merched yn pasio i'r toiled cyfagos lle'r oedd sedd bren a bwced, a lot o arogl!

Bychan iawn oedd ein libart ni'r hogiau bach i chwarae gan ein bod yn gorfod rhannu iard, sef iard tŷ Trem Aran, gyda gweddill merched yr ysgol.

Roedd ffenestri'r ysgol wedi cael eu gorchuddio â rhyw fath o fwslin gludiog y tu fewn gan dywyllu llawer ar yr ystafell. Oedd, roedd hi'n gyfnod yr Ail Ryfel Byd a'r gorchudd gludiog ar y ffenestri yn cadw'r gwydrau rhag lluchio pe disgynnai bom gerllaw.

Roedd pob un ohonom yn cario bag gyda mwgwd nwy

ynddo efo ni bob dydd ac yn gorfod ymarfer sut i'w wisgo. Weithiau byddai Miss Davies yn gweiddi 'Mae'r Jyrmans yn dod!' a ninnau'n gorfod rhuthro am loches o dan y ddesg a gwisgo ein mygydau. Gan ei bod yn amser rhyfel, roedd y clociau ddwyawr o flaen yr haul yn yr haf ac awr o'i flaen yn y gaeaf, felly byddai'n dywyll pan fyddem yn cychwyn i ddal trên wyth y bore yn y gaeaf ac yn sobor o oer weithiau.

Er bod fy chwaer Catrin yn yr un ysgol â mi am flwyddyn, ychydig iawn o gof sydd gennyf ohoni yn y cyfnod hwnnw ond cofiaf gael sylw merch landeg oedd yn teithio i Ysgol Ramadeg y Merched yn y Bala, sef Luned Cae Coch (gwraig y diweddar Edward Williams 'Farmers Mart' wedyn). Roedd hi'n dod ar y trên o Garneddwen – ie, ar y trên y byddwn i'n mynd i'r ysgol o Lys Holt a chan fod y trên yno toc wedi wyth, byddem ni blant Cwm Peniel yn yr ysgol yn gynnar. Mae'n rhaid ein bod yn blant go dda gan fod Mrs Williams a ofalai am yr ysgol yn caniatáu inni fynd i mewn at y tân.

Mrs Williams, Tegid View oedd yn glanhau ac yn cynnau'r pedwar tân bob bore, gan gario'r bwcedi trwm llawn glo i bara am y dydd. Roedd Mrs Williams yn gweithio'n galed am ychydig iawn o gyflog mae'n siŵr. Cofiaf bennill a wnaeth un o'r plant iddi:

Maggie Tegid View yn ei chap bach glas,
Golchi llawr yr ysgol yn ei ffedog fras.

Byddai'r daith ar y trên a'r gweithgareddau o gwmpas Stesion y Llan yn amrywiol a diddorol. Hon oedd y brif reilffordd rhwng y Bermo a Rhiwabon. Roedd hi'n amser rhyfel a'r traffig ar y ffordd yn ysgafn iawn, ar wahân i gerbydau'r fyddin. Roedd petrol yn cael ei ddogni ac yn anodd ei gael, felly'r trên oedd y prif gyfrwng teithio a hwnnw'n injan stêm gyda phump neu chwech o gerbydau wrth ei gwt a dim ond lle i sefyll yn y coridor weithiau. Roedd llawer o fechgyn a rhai merched ifanc yn eu dillad gwyrddion wedi cael eu galw i'r fyddin yn teithio yn y bore ac ar drên y pnawn, a byddai eraill yn cael dod adre am gyfnod o orffwys o'r brwydro. Ar y trên y teithiai ffermwyr y Cwm i'r farchnad yn y Bala ar ddydd Iau hefyd ac ambell wraig â basgedaid o wyau neu fenyn i'w gwerthu ar ei braich.

Un cymeriad a deithiai'n weddol reolaidd gyda ni oedd John Parry, Tyddyn Llywarch. Roedd o'n prynu a gwerthu ychydig ac yn mynd efo'r trên i'r ffair yng Nghorwen. Roedd gennym ni rhyw hanner ofn John Parry. Roedd o'n ŵr o ddwy lath dda, yn gyhyrog, un cynnil ei eiriau gyda chôt frethyn laes, cadach am ei wddf, sach dros ei ysgwyddau pe byddai hi'n bwrw a chlamp o bastwn hir bob amser, ac eisiau siafio'n o arw arno. Gwisgai hen het lwyd a'r cantel wedi ei droi ar i lawr ond ar achlysur mwy arbennig, pan fyddai wedi ymolchi a thacluso tipyn, gwisgai het galed ddu. Roedd yn ŵr gonest na wnaeth gam â neb yn ôl pob hanes a glywais amdano wedyn.

Roedd libart y stesion yn lle reit brysur a diddorol a chaem chwarae cuddio yn y llwyni pren bocs ac o gwmpas cut y lampau. Cofiaf Eira yn neidio o ben y wal ar ben y gaseg a'r cwtwl yn chwalu a hithau'n syrthio i'r dŵr oer yn wlyb diferol!

Mr Edwards, Neuadd Wen (taid Mrs Ann Roberts, Caermeini) oedd y gorsaf-feistr a Bert Rowlands, Heol yr Eglwys yn edrych ar ôl y 'signal bocs'. Cofiaf fod y ddau yn ffeind iawn wrthym ac yn gofalu ein bod yn croesi'r lein yn ddiogel a bod y drysau wedi eu cau yn iawn.

Roedd gweld yr hen injan stêm fawr yn cael ei disychedu yn rhoi pleser i ni – y trwnc hir yn cael ei whilio i foeler yr injan o'r tanc dŵr uchel gerllaw, cyn tynnu'r tsiaen i ollwng y dŵr i lawr.

Roedd llawer o dryciau yn y seidins – rhai wedi dod â

chalch neu 'basig slag' neu dipyn o flawdiau a byddai ceffyl ar wagen Bro Aran yno yn llwytho glo i'w rannu hyd y Llan. Roedd tryciau cario gwartheg neu ddefaid wrth y corlannau a gyr o ddefaid yn cael eu cerdded o'r Llan ar ôl diwrnod sêl mogiaid. Cofiaf hefyd weld gyr o wartheg yn dod i lawr o Blas Morgan gan fod Edward Jones yn delio cryn dipyn, a'r gwartheg wedi eu prynu yn Llanuwchllyn yn cael eu trycio i lawr i fferm yr Hafod yng Nghorwen. Byddai ambell i hen darw digon peryg hefyd a rhaff wedi ei rhwymo o fodrwy yn ei drwyn yn sownd yn ei goes flaen.

Ambell ddiwrnod byddai tryc neu ddau y tu ôl i drên y teithwyr a'u llond o hen fulod mawr – ddeg i ddwsin ohonynt – ar eu ffordd i'r ffrynt yn y rhyfel. 'Bastard mulod' oedd ein henw ni arnynt. Ai am eu bod yn fastard o hen fulod tybed?! Ni welais rai tebyg iddynt ers hynny ac nid oes gennyf syniad o ble y deuent.

Ni chefais brofiad o gwbl o fwyta cinio ysgol ond mae gennyf gof o'r cantîn cyntaf yn cael ei adeiladu. Mae'n rhaid felly fod y plant yn cario eu tamaid cinio gyda hwy o gartref cyn hynny.

Roedd gen i fodrybedd yn byw yn y Pandy ac felly cawn fynd allan gyda phlant y pentref amser cinio at Dodo Glan-gors a Dodo Bryn Amlwg. Tri bwthyn bychan hen iawn yn ymyl y felin oedd Glan-gors. Mae gen i gof am hen ŵr bychan yn eistedd ar garreg wrth y tŷ bach pellaf agosaf i bont afon Twrch. Mi glywais yn ddiweddarach mai Jo Craswr oedd o, craswr ym Melin Penygeulan ac roedd o'n dipyn o gymeriad yn ôl yr hanes. Cofiaf hefyd Emyr, Heol yr Eglwys a Margaret ei chwaer a'u mam Grês Richards. Bwthyn bychan isel iawn oedd eu cartref, gyda dwy lofft fechan, waliau wedi eu gwyngalchu, gardd fechan wrth dalcen y tŷ a gardd dros y ffordd gyda choed eirin Mair a chyrens duon a riwbob, a chyt bychan a dwy gwningen y cefais lawer o fwynhad yn eu gwylio. Roedd y tŷ bach yng ngwaelod yr ardd gyda sedd bren, twll a bwced ar ymyl afon Twrch; hwylus iawn! Rwy'n cofio Saesnes o'r enw Mrs Boyd yn aros yno – dynes o Lerpwl neu Benbedw ac mae'n debyg bod a wnelo hi rywbeth ag edrych ar ôl neu ddysgu'r plant a ddaeth i aros i gartrefi'r ardal i ddianc o'r dinasoedd o gyrraedd y bomio, sef yr ifaciwîs. Cofiaf fod rhyw raglen Saesneg o'r enw *Workers Playtime* ar y radio amser cinio a llawer o sŵn a chwerthin nad oeddwn i'n deall dim arno ond roedd hi'n amlwg fod Mrs Boyd yn cael hwyl garw.

Cofiaf weld plant bach ar y trên a golwg drist arnynt, gyda label wedi ei rwymo wrth dwll botwm eu cotiau. Plant a oedd wedi eu danfon o'r dinasoedd i ddiogelwch cymharol y wlad oedd y rhain wrth gwrs, gan adael eu rhieni ar ôl. Ni welodd rhai ohonynt eu tad na'u mam byth mwy. Cofiaf ddau frawd a arhosodd yn Llanuwchllyn wedi i'r rhyfel ddod i ben, sef Harold Jackson yn y Prys Mawr a'i frawd Peter ym Mryn Gwyn.

Cam pwysig iawn oedd cael symud o ddosbarth Miss Davies i'r ysgol fawr ac i ddosbarth Miss James y Bala. Dyma ddynes a roddodd oes o wasanaeth i ddysgu plant Llanuwchllyn ac mae ein dyled fel ardal yn fawr iawn iddi. Gwn iddi ar un achlysur o leiaf fod wedi dysgu tair cenhedlaeth o'r un teulu: y ferch, y tad a'r taid ac mae gan ei hen ddisgyblion y parch mwyaf tuag ati. Pan ddeuem wyneb yn wyneb ar y stryd yn y Bala byddai ein sgwrs yn siŵr o arwain at ddyddiau ysgol a'i diddordeb yn ein hynt a'n helynt yn anhygoel. Roedd Miss James yn athrawes arnom am ddwy flynedd: blwyddyn yn 'top class' ac yna yn 'standard wan' yng nghysgod yr hen stof ddu honno a fygai, gyda'r mwg yn taro i lawr weithiau, dro arall yn tynnu nes ei bod hi a ninnau'n chwilboeth!

Pennod 4 – Priodi

Diwrnod pwysig yn fy hanes oedd Hydref y 7fed, 1961 sef y diwrnod y priodwyd Rhiannon a minnau yng Nghapel Maengwyn, Machynlleth. Un o ferched Rhosdyrnog, Darowen oedd Rhiannon, yn cario'r cyfenw Wigley. Roedd hwn yn gyfenw dieithr iawn i ardal Penllyn ond mae ein meibion Hywel a Dewi yn cario'r cyfenw hwnnw fel enw canol ac yn cael eu hadnabod felly gan amryw o'u cydnabod.

Cyn i Rhiannon a minnau briodi fe benderfynodd 'Nhad rannu ei eiddo rhwng fy chwaer a minnau. Fy chwaer Catrin oedd i gael yr arian a minnau'r stoc a holl gelfi'r ffarm. Roeddwn bellach wedi cael tenantiaeth Llwyngwern, er bod y rhent wedi codi'n sylweddol. Roedd rhent hanner blwyddyn yn ddyledus pan ddaethom adre o'r mis mêl ganol mis Hydref a dim ond digon i glirio'r taliad hwnnw ac ychydig fân filiau oedd gennym. Cofiaf fy mod wedi setlo i brynu hwrdd gan Dafydd Jones, Pant Gwyn am bumpunt a Dafydd yn gofyn i mi, 'Pryd wyt ti'n dod i nôl yr hwrdd?' a minnau'n gorfod dweud na allwn ddod i'w nôl gan nad oedd yr arian gen i i dalu amdano. 'Paid â phoeni dim. Rwy'n gwybod sut rwyt ti'n teimlo gan i mi fod yn yr un sefyllfa fy hun.' Do, fe gefais yr hwrdd a thalu amdano ymhen amser.

Bu'r blynyddoedd canlynol yn rhai digon caled ac arian yn brin, gyda disgwyl mawr am y siec llaeth ganol y mis i glirio'r dyledion. Rhaid oedd codi am 5.30 y bore i odro deg o wartheg â llaw, a bwydo a chael y caniau ar y stand erbyn 8.15 y bore. Cofiaf un bore, a minnau ychydig yn hwyr ac o fewn rhyw ddau gan llath i'r ffordd, y lorri laeth yn pasio a'r gyrrwr yn canu ei gorn a chwifio ei law gan chwerthin a gweiddi 'Rhaid iti godi'n gynt!'. Roeddwn yn fachgen eitha cryf a heini yn 26 oed ac ers y diwrnod hwnnw gofalais fod y llaeth yn y ffordd yn disgwyl amdano. Aeth o ddim heb fy llaeth wedyn!

Roedd 1964 yn flwyddyn bwysig arall, sef blwyddyn geni Hywel, ein mab cyntaf-anedig. Bu'n rhaid i Dewi aros chwe blynedd arall cyn gweld golau dydd. Roedd 1964 nid yn unig yn bwysig i ni fel teulu ond hefyd i ardal Llanuwchllyn. Dyna'r flwyddyn y cawsom fel tenantiaid ystad Glan-llyn y cyfle i brynu ein cartrefi. Gweithiodd y consortiwm yn eithriadol o galed i sicrhau pris teg i ni. Gan nad oedd gennym arian wrth gefn, bu'n rhaid inni fynd ar ofyn y banc a benthyca'r cwbl. O edrych yn ôl heddiw bûm yn eithriadol o lwcus. Beth petai'r ystad wedi mynd i ddwylo estron?

Roedd ardal Llanuwchllyn yn ardal hollol Gymreig yr adeg honno a phob cartref yng Nghwm Peniel yn aelwyd Gymraeg. Beth ddigwyddodd tybed? Mae'n dristwch i mi fod hanner cartrefi'r cwm bellach yn dai haf neu'n gartrefi i estroniaid ac estron yw'r iaith.

Mae miloedd o aceri'r cwm bellach o dan goed pîn a rhaid teithio rhyw dair milltir o ffordd fforest cyn cyrraedd diadell ddefaid Llwyngwern a Braich Lusog a godre'r Dduallt. Mae fferm Llwyngwern wedi helaethu'n arw ers cyfnod fy mhlentyndod ond nid yw fy nghariad at yr hen gwm ronyn yn llai.

Pennod 5 – Datblygiad Amaethyddiaeth yn Llanuwchllyn yn ystod yr ugeinfed ganrif

Mae pob diwydiant wedi gweld newid anhygoel yn ystod yr ugeinfed ganrif a byd amaeth wedi gorfod moderneiddio i ymateb i alwadau'r oes fodern brysur y cawn ein hunain yn rhan ohoni. Ond er yr holl foderneiddio a mecaneiddio, mae un peth sylfaenol yn aros, sef mai prif ddiben y diwydiant amaeth o genhedlaeth i genhedlaeth yw cynhyrchu bwyd. O gofio bod poblogaeth y byd yn cynyddu'n sylweddol, a thir cynhyrchu bwyd yn diflannu o dan dai, ffyrdd a choncrid ac yn cael ei lyncu gan donnau'r môr, mae hi'n hollbwysig fod y diwydiant yn cael y parch a'r sylw dyledus.

Prin efallai fod y llywodraeth bresennol yn cydnabod gwerth y diwydiant amaeth i economi'r wlad wrth gael ei hudo gan ddylanwadau dinesig sy'n dymuno troi cefn gwlad yn barc hamdden, a mewnforio bwydydd ar gostau mawr. Daw hyn â chlefydau a heintiau i'w ganlyn heb sôn am yr ôl traed carbon y clywir cymaint o sôn amdano'r dyddiau hyn.

Yn ddiweddar cefais y fraint o ddarllen rhai o ysgrifau'r diweddar Robert Ellis Evans, Pen-ffridd. Testun y traethawd agored yn Eisteddfod Llungwyn 1970 oedd 'Arferion Bro' ac mae Robert Ellis yn mynd â ni'n ôl i ddechrau'r ganrif honno drwy sôn am orchwylion amaethyddol yr oes, gwaith na wyddom ni heddiw ddim amdano, ysywaeth.

Sonia am un Jane Roberts, Rhydydrain (nain Mrs Rona Jones, Ddôl-fawr) yn mynd i'r mynydd i babwyra, sef hel brwyn praff yn y corsydd at wneud canhwyllau brwyn, gan ddefnyddio'r pil i wneud ysgub at 'sgubo'r llawr'. I ychwanegu ychydig geiniogau at ei hincwm byddai'n casglu ymenyn ac wyau ar ffermydd ac yn mynd â basgedeidiau i Ddolgellau ar y trên i'w gwerthu.

Gwaith caled iawn yn ôl RE oedd 'palu', sef adennill tir

garw mynyddig yn dir âr. Rhaw drom oedd y rhaw bâl a lle i roi troed arni. Defnyddid clocsiau at y gwaith i arbed esgidiau. Mae'r awdur yn enwi'r bobl fu'n chwysu i adennill y tir pâl ym mhen draw Rhos Bont Llechweddalchen, sef Cadwaladr (Dala) a Robert, dau frawd Llechweddalchen a Tom Parry, y Llys. Gwaith digon tebyg oedd 'gwthio' i adennill tir; roedd i'r erfyn hwn un ochr finiog, tebyg i raw fawn, a darn o bren croes i'w osod yn erbyn y frest. Defnyddid clustog o wlân neu o wair i arbed y gwthiwr. Gorchwyl caled arall y bu RE yn rhan ohono oedd torri mawn; gwaith i losgi braster a cholli chwys ac yn aml byddai cymdogion yn cydweithio i sicrhau cyflenwad o danwydd at y gaeaf.

Mae'n cyfeirio hefyd at y gwaith chwyslyd o dorri gwair rhos efo'i bladur *Isaac Nash* 50 modfedd o hyd, yna'r trin a'r hel efo'r gribin fach. Cyfeiria hefyd at un Robin Prys Bach yn dyrnu â ffust am wythnosau yn ysgubor y Prys, ac yn falch o fod dan do yn y gaeaf. Roedd lluchio'r ffust yn gofyn am dechneg a dawn arbennig. Yna deuai'r gwaith nithio i lanhau'r grawn, cyn cyrchu tua'r felin i grasu at wneud bara ceirch.

Byddai amryw o ferched yn troi tua'r mynydd i 'wlana', sef hel bob topyn o wlân, gan ei olchi a'i frwsio cyn mynd ag o i'r ffatri i wneud edafedd, gan ei lifo â chen cerrig ar gyfer gwau hosanau gyda'r nos. Gorchwyl pwysig arall oedd 'berdio', sef rhoi drain neu eithin ar dop wal y mynydd i rwystro'r defaid ddod drosodd ar ôl eu troi i'r mynydd ar ddechrau'r haf.

Mae ysgrifau Robert Ellis yn rhoi darlun go dda i ni o'r caledwaith a'r dulliau ffermio ar ddechrau'r ganrif ac yn ddogfen bwysig i'w chadw i'r oesau a ddêl. Does fawr neb yn fyw heddiw a all ddweud iddynt fod yn hyddysg yn y crefftau uchod ac eithrio ychydig o dorri mawn a handlo rhyw ychydig ar bladur efallai.

Mae gennyf gof bach am 'Nhad a'r gweision yn cario mawn gyda'r ceffyl a'r car llusg o gefn y Derlwyn i lawr drwy'r adwy cario mawn a heibio i'r gorlan geifr i lenwi cowlas yn yr helm fawn. Rhyw gof plentyn sydd gennyf hefyd o Mam yn gwneud tân mawn ym Mhen Isa ar gyfer crasu bara ceirch.

Mi gefais innau ychydig o brofiad o handlo'r bladur ond dim ond i dorri ŷd, gwaith dipyn haws na thorri gwair rhos, ond gwaith digon caled i laslanc pymtheg oed a fyddai'n siŵr o ddioddef 'clwy'r bladur' am ddyddiau wedyn. Mi gefais un tymor o brofiad yn canlyn y wedd a cherdded y gŵys i droi, ac yna'r trin a'r hau. Cofiaf fel y byddai gan 'Nhad fasged wellt yn hongian ar ei fol i hau er mwyn medru defnyddio'r ddwy law i wasgaru'r had, a do, fe ddysgais innau hefyd.

Gwaith annifyr a budr iawn oedd chwalu'r 'basig slag' o'r bwced dan eich braich ond dyna'r dull y dyddiau hynny.

Deuai calch i'r fferm mewn lympiau cerrig ac yna fe'i rhennid yn ddyrrau bychain dros y cae a'u gadael i'r glaw a'r gwlybaniaeth eu slacio. Yna byddent yn chwyddo'n ddyrrau sylweddol, yn barod i'w chwalu â rhaw fel chwalu tyrrau tail.

Roedd rhyw fanylder a balchder i waith tynnu tyrrau tail hyd yn oed. Rhaid oedd cael y rhesi'n syth, chwe cham rhwng pob twr a chwe cham rhwng pob rhes. Yr un modd wrth godi'r ysgubau'n sypiau – pedair ysgub i bob swp a'r rhesi'n unionsyth ar draws y cae. Os na wneid hynny byddai rhywun yn siŵr o ofyn, 'Wedi nosi buost ti'n sypio?!'

Oedd, roedd llawer o dynnu coes a hynny'n digwydd yn aml o flaen y siop neu'r efail. Roedd yr efail yn ganolfan bwysig yn yr ardal, i'r wagenwyr gael ymffrostio yng nghyflwr eu ceffylau, neu roi llinyn mesur beirniadol ar gyflwr a graen gwedd ei gyd-wagenwyr.

Ganrif yn ôl roedd gwas neu ddau ar bob fferm yn Llanuwchllyn ac yn aml iawn byddai morwyn hefyd. Câi'r cyflog ei setlo bob hanner blwyddyn o gwmpas y ddwy ffair gyflogi – Ffair Calan Mai a Ffair Calan Gaeaf, a chyfle i newid meistr neu feistres, neu aros am dymor arall. Roedd ansawdd y bwyd a haelioni'r feistres yn bwysig wrth benderfynu aros neu godi pac. 'Rhesel go uchel' oedd mewn ambell le a'r oriau'n hir, a byddid yn falch o weld amser 'swylio.

Y tractor a ddylanwadodd fwyaf ar y dull o amaethu a thua chanol y ganrif daeth y Fordson a'r Ffergi bach i amlygrwydd ar ffermydd cefn gwlad Llanuwchllyn. Cofiaf mai ym 1953 y prynodd 'Nhad y Ffergi Llwyd a'r aradr, a'r lincbocs, a hynny am ryw £600. Roedd 'Nhad wedi gwerthu tri bustach ar y 9fed o Ebrill am £50 yr un, felly mi fyddai 12 bustach wedi talu am y tractor. Gwerthodd ŵyn ar y 13eg o Orffennaf am £2-8-6 (£2.42 arian heddiw) Mi fyddai 250 o ŵyn felly yn talu am y tractor. Mae pris tractor heddiw o leia £20,000 a phris bustych du 12-18 mis oed oddeutu £500, a phris oen Cymreig oddeutu £30. I dalu am dractor heddiw byddai angen 40 o fustych neu 650 o ŵyn.

Ceir cofnodion o brisiau sêl mamogiaid yn Llanuwchllyn ym 1935. Roedd moged yn gwerthu am 18/- (deunaw swllt) ac ŵyn am 10/- i 16/- (50 i 80 ceiniog ym mhres heddiw). Mae cofnodion 1951 yn dangos gwerthu 30 oen am £87 a 35 o famogiaid am £87-10-0.

Roedd gwerth gwlân yn £167-4-8 (tebyg iawn i'r hyn a gafwyd yn 2008 am fwy o wlân). Erbyn 1972 roedd gwerth y gwlân yn £376 -50.

Talwyd £36.00 am aeafu 30 o ŵyn benyw ym 1953, sef rhyw £1.20 y pen. Erbyn heddiw mae pris gaeafu tua £14-£15 y pen. Roedd pris y gwlân yn arfer talu'r rhent, neu am aeafu'r ŵyn benyw. Heddiw gwaetha'r modd nid yw'r hyn a gawn ni amdano yn ddigon i dalu am ei gneifio.

Mae pris y cynnyrch sy'n dod i'r ffermydd wedi cynyddu'n aruthrol ond nid yw'r prisiau a gawn am ein cynnyrch ni wedi codi i gyfateb. Dyna pam mae'n hanfodol i amaethyddiaeth dderbyn cymhorthdal i gadw prisiau'n rhesymol i wraig y tŷ.

Newidiodd pethau'n arw ym myd bugeilio. Collwyd y cymdeithasu, y tynnu coes a'r herio ar ddiwrnod golchi a chneifio. Byddai pythefnos ar ddechrau mis Gorffennaf pryd yr aem o fferm i fferm i ffyrnewid. Soniai 'Nhad yn aml am un Rice Alltlwyd, Cwm Abergeirw: 'Mi gneifiai 'rhen Rice gant o ddefaid mewn diwrnod wsti.' Cyfrif go sylweddol i gneifiwr da gyda gwellau. Do, mi dderbyniais innau'r her. Distawodd sŵn y gwellau ac erbyn heddiw mae cneifio tri chant y dydd yn beth digon cyffredin i gneifiwr profiadol.

Ym 1963-64 daeth cyflenwad trydan i Lanuwchllyn ac fe wnaeth wahaniaeth enfawr i amaethyddiaeth. Diflannodd y gannwyll a'r lamp stabl a daeth plwg trydan i bob sied a beudy a pharlwr godro.

Digwyddiad o bwys oedd agor yr hufenfa ger y Ronwydd ym 1940 a newidiodd ddulliau amaethu Sir Feirionnydd. Godro â llaw, magu lloi, corddi a gwerthu ymenyn oedd y patrwm ar y rhan fwyaf o ffermydd cyn hynny a bywyd yn galed i gael deupen llinyn ynghyd. Newidiodd pethau'n arw pan ddaeth y gasgen laeth yn beth cyffredin wrth bob croesffordd fferm a'r siec yn cyrraedd yn rheolaidd tua chanol y mis i gadw'r arian i lifo a'r dyledion dan reolaeth.

Rhoddodd hufenfa Meirion wasanaeth clodwiw i amaethwyr y cylch a gwaith i lawer o fechgyn a merched lleol. Briw i'r llygad heddiw yw gweld yr hen adeiladau wedi cau a golwg drist a di-raen ar y lle. Mae'r hen olwyn wedi rhoi tro cyfan a'r pwyslais eto ar fagu lloi yn Llanuwchllyn, a'r godro nos a bore yn rhywbeth sy'n perthyn i'r gorffennol.

Blynyddoedd caled oedd y 1930au i fyd amaeth ond daeth y rhyfel â sylw haeddiannol i ffermydd cefn gwlad yn gyffredinol. Roedd mewnforio bwyd yn anodd a llongau'n cael eu suddo. Rhaid oedd cynhyrchu mwy o fwyd yn lleol, felly daeth gorfodaeth gan y Llywodraeth i droi a chodi cnydau er mwyn i'r wlad fod mor hunangynhaliol â phosib, er bod ambell swyddog hunanbwysig yn ein gorfodi i droi a thrin tir anaddas. Cofiaf weld cnwd o geirch yn tyfu ar dir sydd bellach yn llawn coed pîn. Roedd y llafur yn brin a'r oriau'n hir a'r clociau ddwyawr o flaen yr haul yn yr haf ac awr yn y gaeaf.

Byddai'r carcharorion rhyfel a gâi eu cario'n ddyddiol o'r gwersyll yn Llandrillo i gynorthwyo gyda gwaith y fferm yn gymorth ond roedd y rhan fwyaf o'r Almaenwyr a'r Eidalwyr a ddeuai i weithio heb unrhyw amgyffred sut i gydio mewn picfforch neu griben.

Byddai bechgyn lleol yn cael eu cyflogi gan y Weinyddiaeth i fynd allan i'r ffermydd i droi a thrin ac yna i dorri ŷd a dyrnu ac ati. Cyfeirid atynt fel bechgyn y 'War Ag'. Cofiaf fod y diweddar James Richards; Richard Trow, Tŷ Mawr; a William Roberts, Deildre ac eraill yn perthyn i'r criw yma a bu ambell dro trwstan o dro i dro, megis tractor yn mynd yn sownd yn y ffos.

Roedd grŵn yr injan ddyrnu yn beth cyffredin iawn yn y dyddiau a fu a'r grawn a ddôi o'i grombil oedd yr unig flawd a gâi'r anifeiliaid dros fisoedd y gaeaf, a'r dyrnu yn y gwanwyn i gael ceirch had at y tymor newydd.

Diwrnod da o gymdeithasu, fel y diwrnod cneifio, oedd diwrnod dyrnu, a'r bechgyn yn edrych ymlaen at y wledd wrth fwrdd y gegin lle byddai llawer o dynnu coes a herian.

Bu'r diwrnod dyrnu olaf yn Llanuwchllyn ar fferm Cilgellan ym mis Chwefror 1978 ac roedd Ifan Owen Davies bron â chyrraedd ei gant oed ac wedi gweld llawer o newid mewn amaethu yn ei oes.

Mae Llanuwchllyn, fel pob ardal amaethyddol arall, wedi gorfod addasu gyda'r oes ond mae hafau gwlyb neu aeafau caled yn llawer llai o broblem bellach nag ar ddechrau'r ganrif. Cofir yn arbennig am haf gwlyb 1946 a'r gaeaf dychrynllyd a gafwyd i'w ddilyn. Ychydig iawn o wair o ansawdd rhesymol a gafwyd ym 1946, gyda llawer ohono wedi ei gynaeafu ym mis Hydref fel y soniodd fy mam yn ei dyddiadur ar y 14eg o'r mis hwnnw: 'Cael fy mlwydd a thorri gwair ar waelod Maesgwilym.' Aeth llawer o gnwd y flwyddyn honno i'r ddaear wedi ei ddifetha. Cawsom haf gwlyb iawn digon tebyg yn 2008 ond gyda dulliau modern yr oes hon, cafwyd y cnwd i ddiddosrwydd, er yn llai maethlon.

Bellach dibynnir ar gontractwyr i wneud y gwaith ar lawer fferm a chyda'r tractor tyrbo a'r byrnwr mawr, buan iawn y bydd cae deg acer wedi ei dorri, ei lapio mewn cortyn neu rwyd blastig a'i amddiffyn rhag glaw mewn haenen o blastig du neu wyrdd i'w gowlasu'n domen daclus ar y buarth heb do uwch ei ben.

Mor wahanol oedd hi ers talwm, y chwalu a'r trin gyda'r gribin fach ac ar ôl rhyw dridiau o wres ei godi'n fydylau ar y cae. Yn aml iawn byddai'r mydylau allan am gryn amser ac yn y cyfamser byddai'r gwynt wedi chwalu tipyn arnynt a'r glaw wedi treiddio i lawr gan achosi dipyn o wastraff. Roedd gwneud mwdwl i ddal dŵr yn grefft, fel gwneud tas ar y gadlas, a'i thoi yn daclus â brwyn a'i rhaffu i lawr â chortyn coch.

Gyda dyfodiad y tractor gyriant pedair olwyn nid yw'r gaeafau mor anodd ychwaith. Collwyd miloedd o ddefaid yn yr ardal yn ystod gaeaf 1947, llawer wedi marw o newyn o dan yr eira a mwy yn mynd i ffwrdd gyda'r lli pan ddaeth meiriol ganol mis Mawrth.

Ychydig iawn o ffermydd oedd yn rhoi ymborth ychwanegol i'r ddafad fynydd ers talwm ond erbyn heddiw mae'r hen ddafad yn cael llawer gwell sylw. Daeth y sganiwr yn boblogaidd iawn a gellir rhoi llawer gwell sylw i'r defaid sy'n cario gefeilliaid. Mae llawer yn wir yn cael eu gaeafu a'u hwyna dan do. Er bod llawer o groesfridio'r dyddiau hyn, da gweld y ddafad fynydd yn dal ei thir yn Llanuwchllyn ac ansawdd y diadelloedd wedi gwella'n arw. Mae'r bobl ifanc yn ymfalchïo mewn dangos defaid a gwartheg o safon uchel iawn a hynny'n bennaf oherwydd bod ansawdd y tir pori

Tomos a Catrin Parry (Taid a Nain Llys Arthur)
Mab y Wern oedd Taid – ganwyd ar 21ain Mawrth, 1873.
Roedd yn dipyn o gymeriad ac roedd galw amdano i dynnu llo ac ati.
Ganwyd Nain ym Mhenrhiw yn 1876, yn un o deulu mawr. Roedd hithau
fel Taid yn mynd i enedigaethau a marwolaethau yn yr ardal. Gwraig
dawel, addfwyn iawn – yn wahanol i Taid! Ganwyd iddynt 3 o blant.
Mam - Margied, Uncle Ellis (Llundain) ac Anti Bet (Llys Crossing)
Bu farw Nain 10fed Rhagfyr, 1942 yn 66 oed.
Bu farw Taid 26ain Ebrill, 1956 yn 83 oed.

Fy 'nhad Howell Jones, fy chwaer Catrin, Mam Maggie a finnau, Tomos Lewis (?) gwas, Trefor Bryn Amlwg (ffrind a chymydog), John Jones (gwas)
Sion yn siafftau y gribin wair ar ben Tyddyn Mawr tua 1938

Dodo Glangors – Dodo Bryn Amlwg a symudodd i Glangors yn y Pandy.
Hon ddaeth â fi i'r byd

Gorffennaf 1968
Cerrig mawr wrth graig Llwyngwern wrth y Ffridd lle mae'r Urdd Glan-llyn yn dringo. Hon yw'r garreg a dynnodd fy 'nhad o'i esgid – Carreg y Cawr!

*Hydref 1976 Y Plas Coch (tŷ bach) ar Bryn Gaseg Goch.
Finnau a Hywel yn 12 oed, Dewi yn 6 oed*

*Twp dipio Llwyngwern gyda minnau mae Dafydd yn
1964. Dipio yn yr hen ddull, pob dafad yn unigol –
dim sôn am iechyd a diogelwch!*

Y fi yn eistedd ar y sled gerrig yn Llwyngwern

Catrin, fi a Hywel. Bu farw Hywel yn 3 oed – cafodd ei eni, 26ain Chwefror, 1939 a bu farw ar 19eg Mai, 1942.
Ganwyd Catrin 28ain Mawrth, 1929 a bu farw 19 Medi, 1988. Priododd â Bob Pontsaer a hi oedd mam Margaret (Aberdyfi) a Huw Gyrn.

Troi ar y Garneddau, Pasg 1940
Catrin, finnau, Taid a Tomos Lewis (gwas)

Drws ysgubor Llwyngwern a Taid Gyrn yn cneifio un o'r
defaid gwlenig olaf ym Medi 1968.

Y fi'n cneifio hwrdd efo gwellaif, Mehefin 1973

Cneifio yn ystod haf 1963 yn Llwyngwern:
Bob Gyrn, Dad, Margaret Gyrn, Emrys Williams Rhydsarn, Bob Ellis
Penffridd, Tegid Evans Coedpry, Taid Howell Jones Hywel Roberts Bryn,
Dafydd Jones

*Eisteddfod Genedlaethol Caerdydd yn 1960 – wythawd buddugol
Llanuwchllyn.
Hywel Jones Tanrhyw, Tegwyn Jones Eithin Fynydd, John Morris
Cambrian, finnau, Elinor Bennet Owen, Beti Morris Cambrian, Emrys
Bennet Owen, Menna Bennet Owen, Jane Jones Nant y Barcud*

*Uncle Bill (Guest) gŵr Anti Bet, Gwen (merch) a Hywel,
Gorffennaf 1970 gyda Ffridd Llwyngwern a Moel Caws yn y cefndir.*

Unle John Old Goat a Wil Bach Lôn yn Nhyddyn Felin, 1922
Roedd John Parry yn fab i Tom Parry o'r briodas gyntaf ac yn frawd i
Tomos Parry Llundain (hanner brawd i Mam – Maggie a Bet ac Ellis).
Hen lanc oedd o yn byw yn Old Goat yn Llan gan weithio fel lenthman ar y
ffordd ac yn gymeriad difyr iawn.

Llwyngwern, Llanuwchllyn, Medi 1999

Yncl Jac (brawd i Howell Jones Llwyngwern) ac Anti Kit –
rhieni Emyr a Buddug.
Mab Llwyngwern ac yn byw ym Mraichllwyd, Dinas

Dosbarth Ysgol y Pandy 1946-47
Peredur?, Martin Sasman, Robert Peel, Billy Rowlands, Trefor Williams, J.
O. Jones, John Parry
Nan Owen, Tryphena Morgan, Beth Morris, Mary Jones (Brynllech), Aur
Jones, Bronwen Williams, Rhiannon Williams
Mary Jones Graigfan, Emyr Jones, Brian Roberts, Rhiannon Edwards,
Dafydd Ll Jones, John Owen Jones

Pencampwr sioe Cwmtirmynach gyda Joe Tee y beirniad
yn Awst 1996

Cynulleidfa Peniel 1953

D-Ch: Tom Jones Godre Aran, Dono Roberts Taifford, Emrys Williams Rhydsarn, Medwyn Llys, Martin Jones Rhydydrain, Robin Rhydsarn, Gwyn Thomas Cwmonnen, Einion Edwards Tyddyn Onnen, Tecwyn Eithinfynydd, Arthur Jones Serfo, Ivor Dwrnudon, Dei Rhydsarn, John Llwyngwern, Parch Gerallt Jones, Edward Eithinfynydd

Rhianon Rhydsarn, A D Jones Alltgwine, Arthur Edwards Pantclyd, Glenys Alltgwine, Barbara Llys, Mai Ronwydd, Mrs Evans Ty Mawr, Mrs Jones Godre Aran, Catrin Llwyngwern, Mai Jones Hendre, Mrs Jones Pantgwyn, Mrs Roberts Dw..(?), Mrs Evans Penffridd, Mrs Jones Rhydydrain, Beth Godre Aran, Rhiannon Alltgwine

Rhes Flaen: Gwynfor Llys, (?) Cwm Onnen, Bryn Tyddyn Onnen, Islwyn Irwyn Godre Aran, Emyr Cefn Rhos, Rhys Godre Aran, Elwen Drwsnant, Alun Godre Aran, Llinos Alltgwine, Delyth Rhys, Gwawr Tyddyn Onnen, Gwenfair Alltgwine, Gwen Llys Y (?), Awel Tyddyn Onnen, Eurwen ac Emyr Ffatri, Gwerfyl a Rhian y Siop, Dilys Ty Mawr, Glesni Tyddyn Onnen Dwysli Cwmonnen, Elen Ty Mawr, Mrs Willias Rhydsarn, Mrs Thomas Cwmonnen Mrs Thomas Tyddyn Llywarch

*Bob, R.P. Roberts (Pontsaer) gŵr Catrin, Rhiannon, Hywel, Margaret
(merch Bob a Catrin) Howell Jones (Taid)
Rhagfyr 1965 yn Llwyngwern*

*Fi, Uncle Ellis (Llundain, brawd Mam) Anti Bet, chwaer Mam, ac Anti
Bronwen, gwraig Unce Ellis o Felinfoel ger Llanelli
yn Arthog, Awst 1967*

Maggie, Tomos Parry, John, Anti Bet a Gwen, Catrin a Howell Jones o flaen Llwyngwern yn Ebrill 1945 – gydag eiddew ar wyneb y tŷ.

Rhiannon, Hywel, Dewi (yn 12 diwrnod oed)
Awst 1970, Llwyngwern

Côr Godre'r Aran
Canol y 50au 1954-56
Chwith i'r dde - Rhes ôl: John Meirion Morris Cambrian, John
Llwyngwern, Dennis Derbyshire Nantdeilian, Morus Roberts Tai'r Felin,
Idris Edwards, Pantclyd
Ail Res: Billy Gittings Owen Tyddyn Llan, Ivor Roberts Dwrnudon,
Martin Jones Rhydydrain, Trefor Edwards y Siop, Emrys Williams
Rhydsarn, Einion Edwards Tyddyn Onnen, Arthur D Jones Alltgwine, Defi
Pierce Jones Glantwrch, Arthur Edwards Pantclyd
3ydd Rhes: Greta Williams Llwynteg (Telynores Uwchllyn), Tecwyn Jones,
Eithin Fynydd, Defi Lloyd Jones, Brynllinos, Harold Morris, Plas Derw,
Tom Jones, Godre'r Aran, Evan Roberts, Henryd, Richard Edwards,
Glynllifon, John Roberts, Station Road

Efo Rhiannon (Wigley o Rosdyrnog yn wreiddiol)
– priododd y ddau ohonom yng Nghapel Maengwyn ar 7fed Hydref, 1961.
Yma ar ein gwyliau yn Torquay, 1992.

Dewi, Hywel a finnau ym mhriodas Rheinallt Rhosdyrno a Meryl Owens
yn Synod Inn, Ebrill 2007.
'Yr oedd gan rhyw ŵr ddau fab ...'

Maesgwyn Gwyn a John yn Ebrill 2002 – tipyn o fêts!

*Llywarch
Ionawr 2003,
Llwyngwern
Ffermwr bychan ydwyf*

*Llywarch a Ioan yn Garreg Lwyd, Hydref
2012*

wedi gwella'n sylweddol. Wedi dyfodiad y tractor gwelwyd tir garw a llechweddog yn cael ei droi a'i wrteithio a'i ailhadu. Lle gynt ni welid ond rhedyn a chrawcwellt, erbyn heddiw ceir rhygwellt a chlofer a thir da i besgi ŵyn.

Gynt ystyrid canran wyna o ryw 75% yn gyfri da ond erbyn heddiw mae canran wyna defaid mynydd yn nes at 120%.

Rywbryd tua chanol y ganrif gwerthwyd hwrdd o Lanuwchllyn am 50 gini. Synnwyd pobl gyda'r fath bris a bu holi a chwilio am ddarn aur rhwng ei gyrn. Ond bellach nid yw'n anghyffredin gweld hyrddod yn gwerthu am brisiau sy'n cyfateb i oddeutu 20,000 gini.

Mae'n dda gweld y farchnad da byw yn dal ei thir ac yn wir yn cynyddu'n lleol a rhyw 3000 o ŵyn ym marchnad y Bala bob wythnos. Cofir am brisiau gwael y 1930au pan oedd Ifor Evans yr arwerthwr yn gorfod crafu am y geiniog olaf a llawer yn gorfod mynd adre heb gynnig o gwbl arnynt. Gobeithio na ddaw'r dyddiau hynny'n ôl. Mae llawer o alw am gynnyrch lleol bellach a'r gair pwysig y dyddiau hyn yw *traceability*, sef sut y gellir olrhain hanes y cynnyrch. Bellach mae rhif yng nghlust pob anifail a gellir dilyn ei symudiad o ddydd ei eni i gownter siop y cigydd. Yn wir, mae gormod o ddogfennau a gwaith papur ynghlwm wrth amaethyddiaeth a'r mwynhad o amaethu yn prinhau, a gormod o lawer o swyddogion bach pwysig yn cael gwaith a chyflogau da ar ein traul. Diolch bod yr hen arferiad o nodi clustiau yn dal mewn grym a'r gystadleuaeth adnabod nodau clustiau yn rhan o weithgareddau Rali'r Ffermwyr Ifanc.

Mae costau milfeddygol wedi codi'n sylweddol hefyd a'r angen am frech neu ddos byth a hefyd yn dolc sylweddol i'r incwm. Ar un adeg cafwyd gwared â'r dicáu yn y fuches yn llwyr ond fe ailgododd yr aflwydd ei ben ac erbyn heddiw mae miloedd o wartheg yn cael eu difa bob blwyddyn. Y gred gyffredinol yw bod yr haint yn cael ei ledaenu gan foch daear. Yn wir, mae cynnydd mawr yn nifer y moch daear sydd erbyn hyn yn cael eu gwarchod, a chosb sylweddol am eu saethu neu eu difa mewn unrhyw fodd. Maent wedi mynd yn fwy o bla na llwynogod bron. Hefyd mae llawer o fywyd gwyllt fel y rugiar ac adar bach y mynydd wedi mynd yn brin iawn yn yr ardal.

Os mai codi wnaeth costau milfeddygol, codi hefyd wnaeth y costau i gael gwared ag anifail marw. Ni chaiff ffermwr wneud twll ar y fawnog bellach. Rhaid talu rhyw £12 i £15 i gael gwared â dafad farw ac yn nes at £100 os digwydd i fuwch drigo. Mae clirio llanast megis bagiau plastig byrnau mawr yn costio rhyw £100 y dunnell a rheolau Brwsel yn ein llyffetheirio o bob cyfeiriad.

Mae rhai sefydliadau amaethyddol wedi dal eu tir yn dda ers canrif yn Llanuwchllyn. Braf gweld y sioe leol yn wych odiaeth a'r bobl ifanc yn cymryd cyfrifoldebau trefnu'r sioe a'r treialon cŵn defaid a llawer o hwyl a thynnu coes yn digwydd. Mae sicrwydd bod sioe wedi cael ei chynnal yn y Llan ers o leiaf 1914.

Un o ddigwyddiadau pwysicaf calendr y flwyddyn ers talwm oedd diwrnod y Clwb Troi a Phlygu Gwrych a gynhelid ganol mis Mawrth. Gwelais raglen y cystadlaethau ymryson oedd i'w cynnal ar gaeau'r *Goat* ar y 14eg o Fawrth, 1953:

Dosbarth Agored – Troi ag erydr hen ffasiwn
Gwobrau: 1af £4 a chwpan, 2il £5, 3ydd £3
Dosbarth 2 Agored i rai heb ennill yn Dosbarth 1
Y Mesur – 5 modfedd o ddyfnder a 7 modfedd o led
Canieteir 3 tendiwr y tri cylch cyntaf a'r tri olaf a dau dendiwr ar y grwn.
Plygu a Chloddio
Dosbarth 1af Agored

Gwobrau £3, £2 a 30/- Medal am y gwaith 'Groom' gorau
a £1-1-0 am y wedd orau
Cedwir yn gaeth at y rheolau.

Mae gweithwyr heddiw yn ennill mwy na'r gwobrau uchod mewn awr.

Cofiaf gystadlu ar blygu gwrych dan ddeunaw oed yng nghaeau Dôl-bach a hefyd Deildre Isa.

Dros y blynyddoedd cafodd y gwrychoedd eu hesgeuluso ond diolch fod y grefft o blygu a chodi waliau sych wedi cael adfywiad, gan fod cymhorthdal i'w gael drwy gynlluniau megis Tir Cymen a Thir Gofal. Yn ystod y blynyddoedd diwethaf mae rhai milltiroedd o wrychoedd wedi cael eu plannu ac eraill eu plygu yn ardal Llanuwchllyn, a'r un modd aml i wal oedd wedi mynd yn llanast wedi cael gwedd newydd a llawer mwy o sylw. Daeth y cynlluniau hyn â llawer o elw i ffermydd Llanuwchllyn gan fod yn gymorth mawr i gadw terfynau'n daclus. O'u gweinyddu'n ddoeth mae modd gwneud defnydd da ohonynt, ond gwaetha'r modd ni ddigwyddodd hyn bob tro a cheir ambell oen yn ceisio dysgu'r ddafad bori.

Ar wahân i'r tractor a'r peiriannau modern diweddaraf, efallai y gellid dweud mai'r moto-beic pedair olwyn sydd wedi hwyluso ac ysgafnhau gwaith aml i ffermwr. Nid oes odid ddiwrnod yn mynd heibio na chlywir y 'cwad bach' yn chwyrnellu ar hyd caeau a ffriddoedd y fro, un ai i hel defaid neu bicio i olwg y gwartheg, i gario defnyddiau ffensio i fannau digon serth a blin yn aml, neu i chwistrellu chwyn neu redyn ar y llethrau. Beth ddywedai'r hen bobl tybed?

Mae'n debyg mai'r peth pwysicaf a ddigwyddodd i ardal Llanuwchllyn yn ystod y ganrif oedd y cyfle a gawsom i brynu ein cartrefi a'n ffermydd. Eiddo Syr Watkin Williams Wynne oedd ystad Glan-llyn a thiroedd Llanuwchllyn a Llangywer, a rhan o Gwm Prysor hefyd. Ar farwolaeth Syr

Watkin aeth yr ystad yn eiddo i'r Llywodraeth fel treth marwolaeth ond ar ddechrau'r 1960au penderfynodd y Llywodraeth ei chynnig i'r tenantiaid ac ar ôl gwaith caled y consortiwm, llwyddwyd i brynu'r ystad yn un darn. Ym 1964 cafodd pob unigolyn y cyfle i brynu ei ffarm a'i gartre. Teimlaf yn aml nad yw pobl bro Llanuwchllyn wedi rhoi'r clod haeddiannol i'r pwyllgor hwnnw a weithiodd mor galed ar ein rhan.

Roedd holl gartrefi'r ardal yn aelwydydd Cymraeg ar y pryd ac roedd modd cadw Llanuwchllyn yn fro Gymreig. Siom i mi yn ddiweddarach fu gweld Cymry pybyr yn bradychu eu hegwyddorion drwy werthu tai ac eiddo i estroniaid. Gwelwyd mwy o newid yn y blynyddoedd wedi prynu'r ystad nag a welwyd cyn hynny. Gwerthwyd llawer o'r tyddynnod a'u troi'n dai haf; gwerthwyd cannoedd o aceri o fynydd-dir i blannu coed ac fe ddioddefodd Cwm Peniel yn fwy na'r un cwmwd arall. Collwyd y gymdeithas glòs, gymdogol a daeth estroniaid i'n plith gan fynnu eu hawliau.

Yn sgil plannu'r miloedd coed pîn collodd yr hen ddafad ei chynefin ac fe gollodd hen enwau megis Clawdd Cysgod y Maen Mawr, y Dre Fawn a'r Pyllau Budron eu hystyr. Llifodd glaw asid o'r coed pîn i'r nentydd gan ladd pysgod. Cynyddodd rhif y llwynogod gan ddifa wyau pob aderyn oedd yn nythu ar lawr. Cafodd yr adar ysglyfaethus eu gwarchod a phrinhaodd y grugiar yn raddol o flwyddyn i flwyddyn. Diflannodd llawer o blanhigion prin dan gysgod y coed pîn ac aeth y grug ar y mynydd-dir cyfagos yn rhy fawr am nad oedd ffermwyr yn cael ei losgi gan fod y goedwig mor agos. Collodd y cipar ei swyddogaeth a daeth hela gyda haid o gŵn yn anghyfreithlon. Cafodd y cyhoedd ganiatâd i dramwyo ble bynnag y mynnant ar ein hucheldir a daeth rheolau hurt i wahardd pori'r mynydd-dir yn y gaeaf.

Canlyniad hyn wrth gwrs yw fod llawer o dir mynydd

wedi gostwng yn ei werth, y grug wedi mynd yn rhy goesog a'r crawcwellt wedi tyfu'n rhy fawr a gwydn. Dyma enghraifft deg o fiwrocratiaeth wedi mynd yn hurt, a rhywun mewn swyddfa foethus yn creu rheolau am bethau na wyddant ddim amdano.

Beth fydd dyfodol amaethyddiaeth yn Llanuwchllyn yn y ganrif hon? Duw a ŵyr.

Ond un peth a wn – mae'n rhaid cael mwy o gefnogaeth gan wleidyddion pob plaid. Rhaid cael gwell rheolaeth ar fewnforion er mwyn osgoi clefydau megis Clwy'r Traed a'r Genau a'r Dafod Las. Rhaid cael mwy o gydweithredu ymysg ffermwyr a rhaid hysbysebu fod gennym yng ngodre'r Aran anifeiliaid o'r ansawdd gorau, wedi eu magu a'u trafod gydol eu hoes mewn amgylchedd iach, a bod y safonau glendid a diogelwch yma, fel yng ngweddill Prydain, cystal ag unman arall yn y byd.

Rhaid inni hefyd addysgu ein plant a'n pobl ifanc i fwyta'n iach ac i brynu bwyd lleol.

Yn achlysurol cawn y cyfle i groesawu pobl ifanc o drefi a dinasoedd poblog megis Caerdydd neu Abertawe, neu dros y ffin o leoedd megis Norwich. Pobl ifanc ydynt ar wyliau yng Ngwersyll yr Urdd yng Nglan-llyn, heb fod yn agos i fuarth fferm erioed. Plant ydyn nhw na welodd erioed o'r blaen oen bach newydd-anedig, heb erioed gyffwrdd cnu o wlân a heb erioed glywed deunod y gwcw, dim ond o gloc 'Grandma'. 'Was that the real thing?' oedd y cwestiwn a glywais gan un ferch fach. Efallai mai doethach peidio egluro o ble y daeth yr ŵy!

Yn bendant, mae'n rhaid cael gwell perthynas rhwng gwlad a thre, gan fod y naill yn dibynnu cymaint ar y llall.

Mae'r rhagolygon diweddaraf yn eithaf calonogol ar y cyfan a phrisiau'r farchnad yn dangos cynnydd sylweddol. Mae'n rhaid i hyn ddigwydd, gan mai'r fferm deuluol yw asgwrn cefn y traddodiadau a'r diwylliant sydd wedi bodoli yn ein hardaloedd gwledig ers cenedlaethau, a'r unig beth sy'n mynd i gadw'r bobl ifanc yn ein cefn gwlad yw bywoliaeth deilwng.

Pennod 6 – Sioe Amaethyddol a Garddwriaethol Llanuwchllyn

'Pryd y dechreuodd y sioe yn Llanuwchllyn? Mae'n siŵr ei bod yn nesu at ei chant oed.' Rhyw sgwrs felly a fagodd ddiddordeb ynof i chwilota am hen hanes y sioe. Dyma un o hen sefydliadau'r ardal sy'n dal yn llewyrchus heddiw. Wedi holi o gwmpas dipyn, cafwyd hyd i hen raglen sioe a gynhaliwyd ym 1924. Dyna gychwyn da. 'Arddangosfa Llanuwchllyn' (ffurfiwyd 1914) – gwell fyth. Roedd pethau'n dechrau symud ac yn fuan iawn daeth rhestr testunau 1922 i'r golwg ac yn wir becyn o gardiau'r enillwyr, ac yn eu plith gardiau 1914. Dyna brawf pendant felly fod sioe amaethyddol gydag anifeiliaid ynddi wedi digwydd yn y flwyddyn honno.

1896

Wrth chwilota drwy hen rifynnau o'r *Wythnos a'r Eryr* deuthum o hyd i hen hanes 'Arddangosfa Glan-llyn', sef cystadlaethau i fythynwyr ystad Glan-llyn yn dyddio'n ôl i ddiwedd y bedwaredd ganrif ar bymtheg. Yn wir, ceir hanes y sioe yn rhifyn y 5ed o Fai, 1896 o *Seren y Bala* (Llyfrgell Genedlaethol Cymru). Rhaid cofio mai tenantiaid Syr Watkin Williams Wynne oedd y bythynwyr hyn ac mai ystad Glan-llyn oedd yn berchen ar y mwyafrif llethol o ddaliadau amaethyddol yr ardal, ynghyd â thai'r pentref ac ardal Llangywer. Parhaodd cysylltiad clòs cydrhwng yr ystad a'r sioe ar hyd y blynyddoedd; yn wir, hyd y diwedd pan werthwyd y daliadau a'r tai i'r tenantiaid ym 1964.

Fe sylwir felly mai arddangosfa ar gyfer bythynwyr a garddwyr a gynhelid yn ystod y blynyddoedd cynnar ac mae'n debyg bod y tenantiaid yn ymdrechu'n galed i greu argraff dda ar y meistr tir. Mae'n siŵr fod hwn yn ddiwrnod i edrych ymlaen ato, diwrnod o wyliau prin, diwrnod o gymdeithasu a chyfarfod Syr Watkin a'i deulu a'r gwahoddedigion o uchel dras – Syr Owen M. Edwards a Mrs Edwards, y Parchedig Ficer W. Hughes a Mrs Hughes, y milfeddyg Evans Lloyd, Moelgarnedd ac eraill.

Yr oedd ciniaw rhagorol wedi ei baratoi i'r cystadleuwyr oll, ac eraill, pa un a fwynhawyd gyda hwyl a blas gan aml un. Difyrwyd y lliaws gan seindorf bres Llanuwchllyn dan arweiniad Mr Huw Jones [y gof, a fu farw 1924]. Yr oedd Syr Watkin a Lady Wynne yn bresennol a hefyd y ferch a'r aer. Arolygid y cyfan gan Mr Morris, y goruchwyliwr, a Mrs Morris. Treuliwyd pnawn difyr i ddangos y cynhyrchion a daeth lliaws ynghyd i'w gweld. Rhannwyd y gwobrau gan Miss Wynne, y ferch.

Dyna ddisgrifiad gohebydd y *Seren* o'r diwrnod mawr yng Nglan-llyn ddydd Mercher (dim dyddiad). Oedd, roedd diwrnod Sioe Glan-llyn yn ddiwrnod cylch coch ar galendr y flwyddyn yn ddi-os.

Mae'n ddiddorol gweld testunau'r cystadlaethau ac enwau'r cystadleuwyr a ble roeddent yn byw. Gellir olrhain achau ambell un a gweld enw nain neu daid. Dyma rai o enillwyr arddangosfa 1896:

Bwthyn glanaf – Mrs Campbell, Llangower
Bwthyn cyn 1868 – Jemeima Rees
12 pytatws crynion – Thomas Owen, Y Lôn
4 Cabbage Orau – Elizabeth Jones, Pensylfania (Mae'n amlwg fod gwrtaith da yn Pensylfania, gan fod Elizabeth Jones yn cipio llawer o'r gwobrau!)
Am yr ardd elusendy orau – Catherine Roberts
Hanner peck o ffa mewn codau – Cadwaladr Jones, Clwt y Person* (gyferbyn â chae carafanau Bryn Gwyn)

Am y planhigyn ffenest gorau – Ann Richards, Pentre
Am y blodeuglwm gorau o flodau gwylltion –
1.   Ellin Williams, Ty'n Bwlch
2.   Thos. Gittins Owen, Tyddyn Llan (saer lleol)
Am y 3 phwys menyn gorau wedi ei gael oddi wrth un fuwch
1.   Jane Edwards, Tanffordd
Am y crys gweithiwr gorau – Lizzie Jones, Y Lôn
Am drwsio dilledyn plentyn – Elizabeth Jones, Y Lôn
Am y pâr hosanau gorau – Jane Roberts, Rhydydrain
Am drwsio hosanau – Winnie Pugh, Pentrepiod
Am dair torth geirch – Ann Richards, Pentre
Am 2 vegetable marrow – Catherine Roberts, Elusendai

Cystadlaethau diddorol iawn ynte. I ddilyn ceir beirniadaeth
y gerddi gan H. H. Jones:

Mae yr amrywiaeth llysiau a rhagoriaeth y driniaeth yn fy
synnu. Yn lân a rhydd oddi wrth chwyn. Siomedig o weld cyn
lleied o flodau. Y pys yn rhagorol. Gallaf ddweud na welais i
erioed rai gwell. Y gerddi yn rhagori ar ddim a welais yn Sir
Amwythig. Prin oedd y coed eirin a'r afalau. Sylwais fod rhai
bythynwyr yn cadw buchod – mantais neilltuol.

Mae Elizabeth Jones, Pensylfania wedi ennill eto am yr ardd
orau – y gwrychoedd a'r llwybrau'n lân a'r llysiau a'r
blodau'n ddi-chwyn. Tipyn o ddynes oedd hon o gofio bod
rhes dai Pensylfania mewn lle oer ar lan afon Dyfrdwy – lle
barugog yn y gaeaf a lle digon di-haul hyd yn oed yn yr haf.
Mae Wm. Jones, Fflag Station yn cael yr ail wobr a John
Griffiths, Tŷ Newydd yn drydydd ac Edward Roberts,
Pensylfania yn 'highly commended'. Dywedwyd fod y
ffenestri yn neilltuol o dda a'r beirniad wedi ei foddhau'n
fawr.

1908

Yn rhifyn Medi'r 2il, 1908 o'r *Wythnos a'r Eryr* ceir adroddiad a rhestr enillwyr sioe'r flwyddyn honno. Yn ôl y gohebydd, roedd y cynhyrchion mor lluosog ag erioed a'r safon yn rhagorol. Tystia'r beirniaid Mri Hayne, Wynnstay a Hanmer Jones, Ellesmere, mai hon oedd y sioe orau o'r oll y buont yn eu beirniadu. Roedd Syr Watkin wedi dod yno'n unswydd o Eisteddfod Llangollen.

Beth ddigwyddodd i Elizabeth Jones, Pensylfania tybed? Nid oes sôn amdani yn rhestr enillwyr 1908.

Bwthyn glanaf a'r mwyaf trefnus – Margaret Jones, Llan
Vegetable Marrow – Thomas Owen, Y Lôn
Am y 12 cloron crynion – Thomas Owen, Y Lôn
Am y 12 cloron kidney – William Williams, Werngoch
4 bresychen – R. Roberts, Station Rd

Mae Richard Roberts yn ennill gyda'r betys, y moron a'r maip ac amryw o wobrwyon eraill gan gynnwys yr ardd orau.

hanner peck o ffa mewn codau – Martha Evans, Almshouse
6 Arianllys – M. E. Morris, Station Rd
Planhigyn ffenest gorau – Jane Williams, Werngoch
3 phwys o fenyn o un fuwch – Jane Roberts, Rhydydrain a
Catherine Parry, Penrhiw (fy nain)

Winnie Roberts, y Llan gafodd y wobr am grys gweithiwr ac Elizabeth Evans, Llety Cripil am wau pâr o hosanau gweithiwr, a Margaret Williams, Wern-goch enillodd am dair torth geirch. Diddorol sylwi ar hen eiriau Cymraeg megis 'cloron' am datws ac 'arianllys' am riwbob – geiriau hollol ddieithr i mi.

1910

Yn rhifyn mis Medi 1910 o'r *Wythnos a'r Eryr* ceir adroddiad am Arddangosfa Flodau Glan-llyn a gynhaliwyd ar lawnt y plas ar y 1af o'r mis. Y beirniad eto oedd Mr Hanmer Jones. Rhannwyd y gwobrau gan Miss Constance Mary Williams Wynne. Mae'n amlwg mai swyddogion a stiwardiaid yr ystad oedd yn trefnu popeth, gan nad oes sôn am na chadeirydd nac ysgrifennydd yn yr un o'r adroddiadau.

1914

Erbyn 1914 gwelwn fod yr arddangosfa wedi ehangu'n o arw. Dyma'r sioe gyntaf gydag anifeiliaid yn rhan ohoni ac ysgrifenyddion annibynnol yn hytrach na staff Glan-llyn yn unig. Dau ysgrifennydd y sioe gyntaf hon oedd y Mri Williams Jones, Caer-gai a J. Morris Jones, y Gyrn. (Gwelir enw J. M. Jones yn gysylltiedig â sioeau'r dyfodol a'i enw fel 'Field Marshal' yn aml yn Sioe Sir Feirionnydd. Bu farw ar Fedi'r 7fed, 1983, ychydig dros ei gant oed.) Roedd y sioe i'w chynnal ar yr 21ain o Awst.

> *Diau y try yn llwyddiant fel pob ymgymeriad arall yr ymeifl yr Uwchlyniaid ynddo. Rhwydd hynt iddynt.*

Yn nes ymlaen gwelir fod y sioe wedi ei gohirio hyd y 4ydd o Fedi. Pam tybed? Haf gwlyb efallai. Roedd y cystadlaethau'n niferus iawn a gellir casglu o weld enwau'r enillwyr ei bod wedi ei chyfyngu i blwyfi Llanuwchllyn a Llangywer, sef tenantiaid Syr Watkin.

John Rowlands, Dôl-bach oedd yn fuddugol gyda'i darw. (Mae'r cardiau buddugol a ddaeth i'r golwg yn dangos fod stoc dda gan Mr Rowlands a'i fod yn ennill mewn amryw o sioeau y tu hwnt i Lanuwchllyn. Yn ddiweddarach fe symudodd i ffermio Rhydorddwy Goch yng nghyffiniau'r Rhyl.)

Mae J. M. Jones, yr ysgrifennydd, yn ennill am fuwch ddu yn gyflo neu'n llaetha, a daw i'r brig mewn dosbarthiadau eraill hefyd. Mae J. ac R. Pugh o fferm fynyddig iawn yn cael gwobr am lo gwryw. Mae'r enillwyr yn y dosbarthiadau gwartheg unrhyw frid, heblaw du, yn awgrymu fod y stoc o dir brasach ar waelod y dyffryn. Enillodd R. ap Rowlands, Weirglodd Ddu amryw o wobrau, hefyd J. J. Edwards, The Mills a J. H. Vaughan, *Goat Hotel*.

Enillodd J. Rowlands Dôl-bach efo'r gaseg a'r cyw, a chafodd J. Richards, Velindre y wobr gyntaf am y wedd. R. Rowlands, Pantyceubren aeth â hi am ebol neu eboles dan flwydd oed, a J. Roberts, Frongastell efo merlyn neu ferlen o unrhyw uchder.

Caiff y gwobrau am ddefaid mynydd eu rhannu'n dda a ffermydd Blaenlliw, Cae Poeth, Pant Gwyn a Llechweddalchen yn dod i'r brig. Mae'n rhaid bod defaid da yn Nant-y-barcud yr adeg honno hefyd achos mae R. M. Williams yn cael y wobr gyntaf a'r ail am famogiaid.

J. J. Edwards, The Mills enillodd gyda'r baedd a'r hwch mewn moch a J. H. Vaughan, *Goat* yn cael 'Commended' a '*Highly Commended*' (dau gartref da i fochyn mae'n amlwg).

Cafodd J. M. Jones, y Gyrn ac M. Jones, Llwyngwern wobrau am gosyn ac A. J. Roberts, Pant yr Onnen a J. Richards, Bwlchfwlet am y pot o fenyn.

3 potelaid o fêl – E. Roberts, Bro Aran
3 section o fêl – R. Roberts, Station Road
Ceiliog a iâr – J. Richards, Velindre
Ceiliog hwyad a hwyaden – J. H. Vaughan, Goat Hotel
Ceiliog iâr a thwrci – R. P. Roberts, Bryn Gwyn

Bythynwyr oedd yn cael cystadlu yn yr adran garddwriaeth ac roedd R. Davies, Ivy House yn cael hwyl dda arni, hefyd M. E. Morris, Plas Deon ac R. Roberts, Station Rd. Llywydd

Anrhydeddus y sioe oedd J. M. Jones, Ysw. Ynad Heddwch Caer-gai a'r Parchedig J. Abel, Rectory, Llangywer yn Is-lywydd. Roedd y Parchedig J. Abel wedi dod yn Llywydd erbyn 1915 a D. E. Williams, Tawelfan, y Bala ac Edward Tangue, Ysw. Birmingham yn Is-lywyddion.

1916

O gofio bod y rhyfel mawr yn ei anterth, syndod yw deall fod y sioe wedi cael ei chynnal ar ddydd Mercher, Awst 30ain, 1916 a honno, yn ôl y cofnodion yn 'llwyddiant mawr'. Cofnodwyd hefyd mai 'cystadleuaeth amserol ydoedd un y Groes Goch, drwy yr hyn y caed oddeutu dau gant a hanner o wyau, am yr hyn y teimla Dr Arthur L Davies yn dra diolchgar'. Trueni na fyddai mwy o wybodaeth ar gael parthed y gystadleuaeth hon, rhywbeth i ymwneud â'r Groes Goch a'r rhyfel yn siŵr. Dywedir fod yr ysgrifenyddion yn haeddu clod mawr. Y Dr Arthur L. Davies oedd y llywydd ac A. F. Arkie, Ysw. Ynad Heddwch Ciltalgarth.

Beirniaid y gwartheg oedd H. J. Evans, Escuan, Towyn a'r Prof. Bryner Jones, Aberystwyth: 'mae eu henwau yn hysbys trwy'r wlad fel beirniaid gorau gogledd Cymru.' T. Huxley o Falpas oedd yn beirniadu'r ceffylau ac R. Roberts, Rhydygarnedd, Towyn yn rhoi ei linyn mesur ar y defaid. Beirniaid mwy lleol oedd yn yr adrannau amrywiol eraill ond pobl, serch hynny, a oedd yn arbenigwyr yn eu gwahanol feysydd. Oedd, roedd Sioe Llan yn sioe o fri ac yn haeddu beirniaid o'r radd uchaf.

R. Rowlands, Pantyceubren enillodd am hen darw ond roedd J. Rowlands, Dôl-bach yn dal yn reit beryg, hefyd David Evans, Tŷ Cerrig. Cafodd William Jones, Coedtalog a John Roberts, Frongastell wobrau yn adran y gwartheg brid. Mae'n amlwg fod y beirniaid o fri yn denu cystadleuwyr o bell – cafodd Miss Jones o Ruallt ac W. M. Jones, Llannerch

Gron, Nantclwyd wobrau. Tybed sut oedd y rhain yn teithio?

J. H. Davies, Hendre Blaenlliw gafodd y wobr gyntaf am hen hwrdd ond roedd cystadleuwyr o ardal y Parc yn arddangos bellach hefyd a gwelir J. O. Jones, Castell Hen ymhlith yr enillwyr. Ar y cyfan, yr un rhai a gaiff y gwobrau i gyd ac yn sioe 1915 mae Thomas Gittins Owen, Tyddyn Llan yn cael y wobr am y mochyn gorau heb fod yn talu dros £12 o rent. Mae'r wobr arbennig am y llo gorau dan 12 mis o darw Cymdeithas Llanuwchllyn yn mynd i R. T. Thomas, Madog. Tarw arbennig Cymdeithas Gwartheg Duon oedd hwn, yn cael ei gofrestru, a'i berchennog yn gallu codi tâl am ei wasanaeth. Y diben oedd ceisio gwella ansawdd y brid.

Roedd cystadleuaeth cneifio dau oen mewn 20 munud mewn bri ac arbenigwyr fel Evan Roberts, Twr-maen ac W. Henry Jones, Coedladur ac R. A. Jones, Pant-llan, Arthog wedi hogi eu gwellau. Roedd yr adran garddwriaeth yn dal yn boblogaidd a hefyd y coginio a chynnyrch y bwtri. Gwelir adran cŵn o wahanol frid a maintioli, hefyd cystadlaethau beirniadu stoc, pedoli a dangos ceffylau.

Gwelir bwlch ym mlynyddoedd 1917 ac 1918 ond mae'r brwdfrydedd yn ei ôl yn heintus erbyn 1919.

1919

Yn *Y Seren* ceir yr hysbysiadau yma:

Gorffennaf 12fed, 1919
Mae yna sêl ardderchog dros hon sydd i'w chynnal Medi 4ydd. Rhif y cystadleuon yn llewyrchach nac erioed. Yr un noson ceir cyngerdd gan y côr Meibion.

Awst 2il, 1919
Pobl y defaid darllenwch hwn. Drwy ryw amryfusedd gadawyd allan Premium 22 allan o gatalogue yr

Arddangosfa Llanuwchllyn. Am yr hwrdd gorau dros y 2 flwydd oed. Gwobrau 7/6 ail 5/-

J. M. Jones Ysg.

Awst 16, 1919
Cyngerdd Mawreddog – noson y sioe. Yn Ysgoldy y Genethod.

Ysgol y Pandy sydd bellach yn Neuadd Bentref a olygir. Yn y Llan roedd ysgol y bechgyn a Thomas Bowen yn brifathro. Unwyd y ddwy ysgol a bu Miss Gladys Bowen, ei ferch, yn brifathrawes am 39 mlynedd. Bu farw ym 1976.

Roedd sioe 1919 yn argoeli i fod yn dipyn o sioe gyda chystadlu da ac ugain o enwau cneifwyr wedi dod i law.

Os bydd hi'n bwrw ar y diwrnod y sioe sef dydd Iau. Mae si ar led y ceisir trefnu cystadleuaeth bysgota yn un o nentydd y Llan.

Nid sioe i ddathlu diwedd y rhyfel oedd hon. Cafodd sioe ei chynnal ym 1920 a 1921 hefyd.

1922
Cafwyd naw dosbarth yn adran y gwartheg duon a hyd at ddeg cystadleuydd ym mhob dosbarth. Roedd saith dosbarth i'r gwartheg byrgorn a thri dosbarth i wartheg o unrhyw frid, gyda chystadlu da ym mhob dosbarth – amryw ohonynt o ardaloedd Llandderfel, Llandrillo a Glyndyfrdwy. Sut oedd yr anifeiliaid hyn yn teithio i Lanuwchllyn tybed? Does dim dwywaith mai gyda'r trên a'u twyso wedyn i gae'r sioe. Nid oes unrhyw wybodaeth ychwaith yn nodi ar gaeau pwy y cynhelid y sioe. Y safle mwyaf tebygol yw caeau'r *Goat Hotel* a oedd yn hwylus i'r orsaf ac yn lle da i dorri syched a dathlu ar derfyn dydd.

Roedd deuddeg dosbarth i geffylau a hyd at bedwar ar ddeg cystadleuydd mewn ambell i ddosbarth – rhai o ardaloedd cyn belled â Llanelidan, Llangollen a Thrawsfynydd. Diddorol yw gweld fod rhywun wedi marcio'r enillwyr mewn ambell i ddosbarth ar ymyl y ddalen. D. W. Lewis, Branas Isa oedd enillydd ceffyl neu gaseg bedair oed a Humphrey Roberts, Llety Wyn, Rhyd-y-main gyda cheffyl dros 15 a hanner dyrnfedd o uchder. G. T. Owen, Tyddyn-felin am geffyl neu gaseg dan dair oed ac Edward Williams, Rhydfudr am ebol neu eboles blwydd a than ddwyflwydd.

Roedd 17 yn cystadlu gyda'r oen hwrdd gorau a naw neu ddeg yn y dosbarthiadau eraill hefyd. Diddorol yw sylwi fod dau ddosbarth hyrddod dros ddwyflwydd oed ond bod un dosbarth yn gyfyngedig i hyrddod heb fod dros 105 pwys. Rhoddai hyn fwy o gyfle i anifail yn syth o'r mynydd, yn hytrach na hwrdd fu'n pori tiroedd brasach. Pwy tybed oedd yn ddigon craff i wahaniaethu rhwng hwrdd 105 pwys a hwrdd 110 pwys? Oedd clorian i dorri'r ddadl yno tybed?

Ymenyn a chaws yw'r cystadlaethau yn adran y cynnyrch fferm a rhyw bymtheg neu ddeunaw o ymgeiswyr yn gwneud dau bwys o ymenyn 'hen ffasiwn'. Ai'r siâp oedd yn wahanol? Mae cystadleuaeth gwneud cosyn heb fod o dan bymtheg pwys, cosyn 'Cheshire' heb fod dros ddeuddeg pwys, ac un arall 'half meated' heb fod dros ddeuddeg pwys. A olygai hyn fod cig ynddo tybed?

Roedd yr adran dofednod yn boblogaidd iawn ac amryw o drigolion y Bala yn cystadlu, a rhai o Garrog a Llandrillo hefyd. Roedd ambell geiliog ar werth am bunt, hwyaden am bymtheg swllt a cheiliog gŵydd am ddwybunt.

John Parry, Blaencwm Prysor oedd yn barnu'r cneifwyr ac fe gyflwynwyd medal arian canol aur yn wobr i'r enillydd. Mae'n debyg mai ei ferch, Miss Parry oedd yn barnu'r bara a'r bara ceirch gyda rhyw bymtheg yn cystadlu.

Thomas Edwards, Coed y Pry oedd yn rhoi'r wobr am y gath orau.

Cafwyd cystadlaethau hefyd am y darn gwreiddiau gorau, a darn o geirch a haidd heb fod o dan ddwy acer o fesur.

I ddiweddu'r diwrnod cafwyd cystadleuaeth drotian '*Best style and action*' a merlod yn dod o Lanelidan, Llangollen a Thrawsfynydd. I ddilyn cafwyd '*galloping race*' i ferlod o wahanol uchder a '*pony bending race*'. Tybed oedd yna bres yn cael ei roi ar y rasys hyn? Does dim sôn am yr un bwci.

Ar ddiwrnod y sioe roedd bwyd yn cael ei ddarparu gan y canlynol: Mr Williams, *Goat Hotel*; Miss Davies, 2 Station Road; Mrs Roberts, 8 Station Road; Miss Edwards, Tegid View; a Mrs Richards, Llwyn Onn. Yn amlwg, roedd arallgyfeirio'n digwydd y dyddiau hynny hefyd a Sioe Llan yn gyfle i ennill ambell geiniog ychwanegol.

1924

Erbyn sioe 1924 roedd dau ysgrifennydd ifanc wedi cymryd yr awenau, sef Emrys Williams, Rhyd-sarn ac Ellis W. Parry, Llys Arthur, dau gymydog a dau ffrind mynwesol. (Arhosodd Emrys i ffermio Rhyd-sarn weddill ei oes ond aeth Ellis i Lundain i fân-werthu llaeth gan symud ymlaen i fod yn rheolwr ar nifer o laethdai yn ardal Walthamstow a Chingsford yn y brifddinas.)

Llywydd y Dydd oedd Mrs Burton, Eryl Aran, y Bala. Daeth beirniaid y gwartheg o Fangor a Llangollen, a beirniad y moch hefyd o Langollen. Roedd dau yn beirniadu'r ceffylau – un o'r Trallwng ac un o Gorwen – a beirniaid y defaid o Geredigion a Llansanffraid. Beirniaid mwy lleol oedd i'r adrannau eraill, o Ddolgellau, y Bala a'r Parc.

Gwelwyd ambell epil o frid tarw Cymdeithas Gwella Da Byw Llanuwchllyn yn cael eu harddangos ac enwau megis

Aran Iorwerth, Aran Sal a Sarah yn ennill gwobrau i John Rowlands, Dôl-bach. Arran Warrior oedd enw tarw Cwmonnen tra bo N. L. Moon o Landrillo yn arddangos y Corwen Musketeer. Roedd un Mr Moon yn gefnogwr da iawn i'r sioe ac yn cystadlu yn y rhan fwyaf o'r dosbarthiadau gwartheg duon a'r gwartheg brid. Mae'n debyg fod ganddo'r hawl hefyd i saethu ar yr ystad ac roedd yn dipyn o ffrindiau â Syr Watkin.

J. E. Jones, y Bryn a enillodd am y ceffyl neu'r gaseg orau ar y cae ac am y wedd orau, er bod Hugh R. Davies, Fronhyfryd, y Bala yn cystadlu gyda Colney a Let a Thomas Ellis, Penyfed, Corwen yn gystadleuydd peryg.

Roedd cystadlaethau adran y defaid yn denu o gylch eang ac R. Roberts a'i Fab, Arllen Fawr, Llanrhaeadr ac W. C. Owen, Ty'n Ddôl, Llandderfel yn mynd â llawer o'r gwobrau adref, er bod dros ugain ymgeisydd mewn aml i ddosbarth. Roedd D. Thomas, Cwmonnen yn dangos Arran Arwr a N1 N2 N3 a P1, P4 a G283. Epil 'hwrdd gwaelod gwlad' oedd y rhain, yn rhan o arbrawf i wella'r ddafad fynydd drwy groesi gyda hwrdd *Improved Welsh*. Câi'r cynllun ei arolygu gan Moses Griffiths o Adran Amaeth Prifysgol Aberystwyth. Yn ôl Gwynli Thomas, Tanymarian (Cwmonnen gynt), methiant fu'r arbrawf a'r defaid yn dod i lawr o'r Aran amser cneifio yn denau ac yn anodd eu cneifio. Mae'n debyg i'r arbrawf gyda tharw'r gymdeithas fod yn fwy o lwyddiant.

Edward Roberts, Tŷ Mawr, Cynllwyd oedd yn fuddugol am gneifio dau oen mewn ugain munud. Mae'r grefft o gneifio wedi dod i lawr o genhedlaeth i genhedlaeth yn hanes teulu Tŷ Mawr a daw aml i wobr i'r genhedlaeth bresennol yn Esgair Gawr, Rhyd-y-main.

Roedd llawer o godi ceirch a haidd ar gaeau Llanuwchllyn a J. M. Jones, Cefn Prys yn gofalu am un o'r ffermydd gorau yn yr ardal am gnwd o ŷd ac yn bwrw'n dda ar ddiwrnod dyrnu. Âi aml un yno i brynu ceirch hadyd.

Clywais fod Edward Edwards, Penygeulan yn joci go anodd ei guro yn y gystadleuaeth trotian ac yn ennill gwobrau ar draws gogledd Cymru.

1928

Cafwyd diwrnod ffafriol iawn o ran tywydd a thros saith gant wedi cystadlu yn y gwahanol adrannau. Y llywyddes oedd Mrs Anwyl-Passingham, Bryn y Groes a chafwyd araith ganddi (yn Saesneg wrth gwrs) yn canmol safon y cystadlu cyn dymuno'n dda i'r dyfodol. Roedd hi hefyd wedi dod â dofednod ac wyau i gefnogi, a chafodd ambell wobr. Diddorol gweld mai yn Saesneg y cyhoeddwyd rhestr enillwyr y flwyddyn honno (i blesio'r llywyddes tybed?). Er bod cofnodion wedi ymddangos yn Y Seren am flynyddoedd, ychydig iawn o wybodaeth a geir.

1948

Erbyn hyn mae'r cystadleuwyr yn enwau cyfarwydd ac amlwg ar restr enillwyr sioeau eraill dros ardal eang o ogledd Cymru. Roedd Fferm Glan-llyn yn cynhyrchu gwartheg duon o safon, a John Pugh, y Bryn a Dafydd Pugh, y Deildre hefyd. Cafodd y porthmon adnabyddus Johnnie Rowlands, *Red Lion*, y Bala hwyl gyda'i wartheg unrhyw frid, tra bod y ceffylau gorau ar fferm Ddôl-fawr. Robert Davies, Nant-y-llyn oedd meistr adran y defaid mynydd, er bod defaid o ddiadelloedd Cwmonnen, Ty'n Bwlch a'r Gyrn a Rhydfudr yn cael ambell wobr.

Ffermydd y *Goat*, Rhydfudr a Thy'n Fedw oedd yn cynhyrchu'r ceirch *Scotch* gorau ac Eithinfynydd yn codi cropiau da o haidd rhywiog. Margied Jones, Craig-y-tân a Catrin Jones, Llwyngwern oedd yn rhagori ar bobi a gwneud bara ceirch a Mrs Pugh, y Bryn a Mrs Roberts, Dwrnudon yn ennill gydag wyau. Roedd J. Maldwyn Williams, Ael-y-Bryn yn feistr yn yr adran Garddwriaeth. (Cyfrifid Maldwyn Williams yn arbenigwr yn y byd garddio ac yn ŵr a roddodd wasanaeth a chefnogaeth yn y maes hwnnw am flynyddoedd lawer. Cyflwynir cwpan er cof amdano yn y sioeau heddiw.)

1949

Prin hefyd yw hanes sioe 1949 a gynhaliwyd ar ddydd Iau, Awst y 25ain ond roedd rhestr yr enillwyr yn *Y Seren*. Fferm Glan-llyn oedd yn cipio llawer o wobrau'r gwartheg duon ond mae'n amlwg hefyd bod cynnyrch o safon uchel iawn ar ffermydd Dôl-bach, y Bryn a'r Deildre.

Roedd dylanwad y Ffergi bach yn dechrau dod yn amlwg a thipyn llai o gystadlu yn adran y ceffylau. Tynnwyd y dorch rhwng Dafydd Pugh, Deildre Isa ac Oscar Roberts, Ddôl-fawr. Roedd diadell o ddefaid da yn Nhy'n Bwlch a John Williams yn llwyddo'n aml i guro defaid Nant-y-llyn.

Enw Maldwyn Williams a welid fynychaf yn ennill gyda chynnyrch gardd, er bod Abel Jones a Mrs Davies, y Post yn cael hwyl dda iawn.

1950

Tebyg iawn yw canlyniadau'r sioe hon a gynhaliwyd ar y 26ain o Awst ar gaeau'r Prys, gyda Tegid Evans a Maldwyn Williams (dau frawd-yng-nghyfraith) yn ysgrifenyddion.
Roedd hi'n ddiwrnod gwlyb ac anffafriol iawn ond gyda chynnyrch o safon uchel. Roedd enw Mr R. T. Evans, Rhyd-y-bod bellach yn amlwg ymysg enillwyr yr adran defaid mynydd. Cofir amdano fel gŵr craff ac enillydd cyson dros nifer o flynyddoedd mewn sioeau lleol a hefyd mewn cylch llawer ehangach dros ogledd Cymru.

1951

Ar gaeau Glan-dŵr y cynhaliwyd y sioe ar yr 8fed o Fedi a Maldwyn Williams a Robert Eifion Jones yn ysgrifenyddion.

Mae gwybodaeth am sioeau'r 1950au yn brin iawn. Tybed a fu bwlch, heb sioe? Gwyddom i'r Clwb Ffermwyr Ifanc ddod i ben yn ystod y cyfnod hwn ac i Aelwyd yr Urdd gael ei hailsefydlu tua 1955.

1957

Ailgyneuwyd y fflam a gwelir Tegid Evans, Coed y Pry yn cyflwyno Llyfr Cofnodion i bwyllgor y sioe ym 1957. O hynny ymlaen mae hi'n llawer haws dilyn hanes Sioe Llan. Daeth cyflwr ariannol mwy llewyrchus i'r sioe gyda £70.2.2 yn y banc ym mis Chwefror. Llywydd y pwyllgor oedd PC Robert Roberts. Dyna braf oedd gweld plismyn lleol yn cymryd rhan yn y gymdeithas, yn wahanol iawn i'r dyddiau hyn. Ysgrifennydd adran yr anifeiliaid oedd Cadwaladr Roberts, y Lôn gyda Maldwyn Williams yn dal i ofalu am adran y gerddi ac R. P. Roberts, Pant-saer yng ngofal y Sioe Gŵn.

Cynhaliwyd y sioe ar Awst y 28ain ar gaeau Prys Mawr. Bellach daeth y Fordson Major a'r Ffergi bach yn rhan o batrwm ffermio yn Llanuwchllyn ac o'r herwydd fe ddiddymwyd dosbarthiadau'r ceffylau. Yng nghofnodion mis Ebrill mae'r llywydd, PC Roberts, yn cael dyrchafiad i fod yn rhingyll ym Mhwllheli ac fe ddymunodd aelodau'r pwyllgor yn dda iddo.

Roedd brwdfrydedd mawr a'r pwyllgor yn cyfarfod bob yn ail fis. Gwelir gwobrau newydd yn cael eu cyflwyno am y fuwch odro orau a hefyd y ci defaid yn y cyflwr gorau. Daeth cais oddi wrth bwyllgor y Sioe Sir am gael benthyca clwydi'r sioe. Fe gytunwyd ond gydag amodau pendant. Cytunwyd i godi ffi o £1 ar y masnachwyr ar y cae. Dewiswyd J. M. Jones yn *Field Marshall*.

Gwelir bod sioe 1957 wedi gwneud colled o £4.0.0 ond yng nghofnodion mis Ionawr 1958 nodir bod £4 wedi ei drosglwyddo i'r coffrau, sef arian y Clwb Troi.

Bu'r Clwb Troi a Phlygu Gwrych yn cynnal gornestau blynyddol. Yn anffodus daeth diwedd ar y gornestau hynny ac fe rannwyd yr arian oedd yn y coffrau cydrhwng y gwahanol gymdeithasau yn Llan.

1958

Erbyn sioe 1958 roedd Meirion Edwards, Bryn Melyn wedi cael ei benodi'n ysgrifennydd. Daeth ystad Glan-llyn dan reolaeth yr Is-gomisiwn Tir ond gan barhau i gyfrannu at y cystadlaethau a rhoi gwobr am dir wedi ei ailhadu (tor dros 700' a than 700').

Am £1.10.0 rhoddwyd caniatâd i T. J. Roberts (Twm Jim) osod fan ar y cae i werthu bwyd ac fe gafodd Walkers a'i Feibion y cytundeb argraffu am £19.16.0. Derbyniodd y pwyllgor bris yr NFU Mutual o £1.6.9 am yswiriant a phris R. A. Charles Ffestiniog o £4.15.0 am gyflenwi uchelseinydd. Ar y 7fed o Awst galwyd pwyllgor brys am fod Clwy'r Traed a'r Genau wedi ei ganfod yn Nhrawsfynydd ond penderfynwyd dal ati gyda'r trefniadau ac erbyn Awst 14eg roedd argoelion fod y Clwy'n cilio ac nad oedd angen pryderu.

Gwnaeth sioe 1958 golled hefyd a phenderfynwyd cynnal gyrfa chwist a sicrhau perfformiad gan gwmni drama i geisio dileu'r golled. Gwelwyd yng nghofnodion Rhagfyr y 30ain fod elw o £31 wedi ei wneud o'r ddwy noson.

1959

Ym Mis Mawrth 1959 penderfynodd y pwyllgor gynnal sioe gŵn leol ar y nos Wener o flaen y sioe gyda gwobrau fel a ganlyn:

Command gorau 10/- rhoddedig gan A. E. Pugh, Glan-llyn
Outrun gorau 10/- rhoddedig gan D. T. Jones, Rhydfudr
Corlannu gorau 10/- rhoddedig gan Idris Jones, Tŷ Du

Mae'r digwyddiad yma'n parhau hyd heddiw ac yn creu diddordeb a llawer o hwyl a thynnu coes. Penderfynwyd cael cystadleuaeth gwneud hyrdlen ar y cae i rai o dan 31 oed, a chystadleuaeth dreifio tractor hefyd.

1960

Erbyn hyn roedd Clwb Ffermwyr Ifanc Glannau Tegid wedi ei sefydlu a gofynnwyd i gadeirydd y pwyllgor fynd i gyfarfod yr aelodau ifanc i geisio'u hannog i gefnogi'r sioe. Roedd yr Is-gomisiwn Tir yn noddi cystadleuaeth silwair, er bod y dull hwnnw o gynaeafu yn dal yn ei blentyndod yn Llanuwchllyn. Mewn pwyllgor a gyfarfu yn y llyfrgell ar Ebrill yr 8fed, 1960 cafodd yr aelodau wybod fod difrod wedi ei wneud i'r clwydi a fenthycwyd i'r Sioe Sir. (Yn ddiweddarach nodwyd fod £7 wedi ei dalu i glirio'r difrod a £3 o ewyllys da.) Mae cofnodion sioe 1969 yn dangos colled o £5. 'A ddylid dileu'r Sioe Gŵn?' oedd y cwestiwn tyngedfennol.

1961

Ym mhwyllgor mis Ionawr 1961 fe anfonodd yr aelodau eu cydymdeimlad at Mrs P. Ridgway wedi marwolaeth ei gŵr. Gŵr a gwraig o gyffiniau Banbury oedd y ddau a brynodd neu rentu'r Graig Ddu fel tŷ gwyliau a phrynu'r hawl i saethu dros gyfran helaeth o'r ystad hefyd, a magu miloedd o ffesantod. Cyflogid cipar ond afraid dweud i lawer o'r cyfryw dda pluog wneud cinio dydd Sul reit flasus ar sawl aelwyd! Roedd Mr Ridgway eisiau dangos ewyllys da drwy roi cwpan yn wobr yn adran y defaid yn y sioe. Mae'r gwpan barhaol honno'n dal i fod yn un o'r prif wobrau.

Yn yr un pwyllgor cytunwyd i gyfethol rhai o bobl y Parc, er mwyn ceisio denu ac ennyn mwy o gefnogaeth o'r ardal honno. Roedd costau argraffu yn cael cryn sylw – y prisiau'n uchel ac yn mynd ag elw'r sioe – mater sy'n parhau i gael sylw mewn pwyllgorau hyd heddiw!

Ym mis Mehefin cafwyd adroddiad fod 18 o gewyll ieir wedi cael eu prynu am £6, a 25 o 'bolion *larches*' da wedi eu cael am 2/- yr un. (Byddent yn costio'n nes at £2 yn 2010.) Roedd 4/- am ginio a 2/- am de braidd yn ddrud. Pasiwyd i roi gwerth 2/6 o fwyd i stiwardiaid. Cynhaliwyd gyrfa chwist ym mis Tachwedd gyda gwobrau o ddwy ŵydd o Nant-hir, Cynllwyd a chwîd (hwyaid) o Lechwedd Hen.

1962

Ailymddangosodd y dosbarth i ferlod yn rhaglen 1962 a chwpan gan y *Goat Hotel*, y Bala yn wobr. Erbyn hyn dechreuodd mân reolau ymddangos megis gorchuddio byrddau bwyd â defnydd glân yn gydnaws â rheolau hylendid bwyd. Ym mis Rhagfyr 1962 darllenwyd llythyr yn gofyn barn y pwyllgor am ddyfodol y llyfrgell. Pasiwyd mai buddiol fydd cadw'r ystafell am gyfnod yn eiddo i'r plwyf.

Oherwydd cyflwr gwael llawr Ysgol y Llan, awgrymwyd holi am bris pabell i gynnwys gwaith adran y merched a'r cynnyrch gardd. Mewn pwyllgor diweddarach derbyniwyd pris Williams Brothers, Wrecsam am babell 80 x 20 a 250 troedfedd o fyrddau (yn anffodus ni chofnodwyd y pris). Ym mis Mai 1963 trefnwyd dawns werin yn y babell a derbyn pris Antur Edwards am roi golau ynddi.

1964

Mae Cyfarfod Blynyddol 1964 yn clywed newyddion da, sef bod £107.1.11 mewn llaw. Trafodwyd y posibilrwydd o gynnal y sioe o fewn cyrraedd y neuadd bentref, er mwyn peidio gorfod llogi pabell ac i arbed treuliau ariannol. Cytunwyd y byddai'n well trafod hyn gyda phwyllgor y neuadd a gofyn i Bandy Mawr am fenthyca'r cae. Bu'r fenter yn llwyddiant.

Cyflwynodd Llywydd Comisiwn y Tir, Wynne Finch, darian i'r sioe heb unrhyw delerau ac eithrio ei bod hi'n aros i'n hatgoffa o'r blynyddoedd o gysylltiad agos cydrhwng yr Is-gomisiwn a Chylch yr Arddangosfa. (Gwerthwyd ystad Glan-llyn i'r tenantiaid ym 1964.) Ym mhwyllgor mis Ebrill pasiwyd fod Tarian Glan-llyn yn symud o un adran i'r llall yn flynyddol. Cafwyd ar ddeall fod y neuadd a chaeau Pandy Mawr ar gael i gynnal y sioe ym 1964. Diolchwyd i deulu'r Prys Mawr am eu haelioni yn rhoi benthyg cae am nifer fawr o flynyddoedd.

1965

Diwrnod gwlyb, anffafriol iawn a gafwyd i sioe 1965. Yn dilyn y sioe hon derbyniwyd gwrthdystiad ffyrnig am dorri amodau gan fod bustych a brynwyd wedi cystadlu ac ennill. Ymddiheurodd y sawl a gyhuddwyd ac ataliwyd hanner y wobr. Tybed pa fath o berthynas fu rhwng y ddau gymydog wedyn!

Roedd cystadleuwyr yr adran cneifio gyda gwellau yn prinhau ond roedd y gystadleuaeth cneifio gyda pheiriant ar gynnydd. Digon bregus oedd y sefyllfa ariannol gyda £45.7.8 yn y banc.

1969

Erbyn hyn roedd cystadleuwyr adran y gwartheg yn brin. Beth oedd i gyfrif am hyn tybed? Roedd siediau'n cael eu codi a'r gwartheg bellach yn gaeafu'n rhydd, ac oes yr aerwy'n prysur basio a neb yn twyso buwch at y tarw fel yn y dyddiau a fu. O'r herwydd nid oedd y fuches mor ddof a hawdd ei thrin. Gwerthwyd cae Pandy Mawr i godi stad o dai arno ond parhaodd ar gael i'r sioe tan 1971 ac yna codwyd stad Cae Gwalia ar y tir.

1970

Roedd y sioe mewn dyled o £2 yn dilyn sioe 1970 ond bu'r Sioe Gŵn yn llwyddiant mawr. Un pwnc a drafodwyd oedd cael y rhestr testunau'n ddwyieithog, o gofio bod llawer o fewnfudwyr wedi dod i fyw i'r ardal gyda sawl un yn cymryd diddordeb yn y cystadlu. Wedi colli Cae Gwalia daeth teulu Garth Isa i'r adwy gan addo tir i gynnal y sioe a'r Sioe Gŵn. Yn ffodus iawn, mae'r caredigrwydd hwnnw'n parhau.

1973

Un o bynciau trafod Cyfarfod Blynyddol 1973 oedd sut i ddenu mwy o gystadleuwyr yn adran y defaid, dosbarth lleol. Da yw cael cyhoeddi fod cystadlu arbennig o dda yn y dosbarth hwnnw bellach a safon y cynnyrch yn glod i'r ardal. Er bod llawer o dynnu coes a herian, mae pawb yn ffrindiau a'r gymdeithas yn un hapus, glòs.

Roedd gornest goetio wedi cael ei threfnu erbyn 1978 a bu mynd da ar y gystadleuaeth am rai blynyddoedd. Ym 1982 penderfynwyd diweddu rhediad Tarian Glan-llyn a gofyn caniatâd i'w harddangos yn y Neuadd er cof am ystad Glan-llyn. Erbyn 1988 roedd £1,356 yn y banc a phethau'n edrych yn ddigon llewyrchus.

Rhoddodd nifer helaeth o unigolion eu gwasanaeth yn rhad ac am ddim fel swyddogion ac ysgrifenyddion y sioe dros y blynyddoedd. Credaf fod un yn enwedig yn haeddu cael ei enwi, sef Eilir Thomas, Brynhyfryd. Bu Eilir yn drysorydd i'r Gymdeithas yn ddi-fwlch ers 1974. Tipyn o record goelia' i. Mae biwrocratiaeth a mân reolau yn llesteirio gweithgareddau'r gymdeithas wledig y dyddiau hyn. Er hyn i gyd, mae brwdfrydedd ac ysbryd cystadleuol yn parhau a'r cynnyrch ar fyrddau'r Neuadd – yn waith llaw, cynnyrch gardd a chynnyrch yr adran goginio – o safon eithriadol o uchel. Diolch fod yr aelodau hynaf yn dal â diddordeb ond mae mwy o ddiolch fod y plant a'r bobl ifainc yn cymryd at arddangos a chystadlu i sicrhau dyfodol Cymdeithas Amaethyddol a Garddwriaethol Llanuwchllyn.

Pennod 7 – Y Newid

Mae'n anodd peidio meddwl mai yn ystod y ganrif ddiwethaf, neu'n wir yn ystod yr hanner can mlynedd diwethaf, y digwyddodd y newidiadau mwyaf syfrdanol a welwyd ers cenedlaethau. Mae'n debyg bod newidiadau'n anorfod; ni all dim byd sefyll yn ei unfan ac mae'n rhaid symud ymlaen (neu symud yn ôl!) ond y peryg yn aml iawn yw newid dim ond er mwyn newid. Mae newid er gwell yn iawn wrth gwrs ond cam yn ôl yw llawer o'r newidiadau yn aml, gwaetha'r modd.

Enghraifft o hynny yn fy marn i yw canoli llywodraeth leol ac awdurdodau cyhoeddus i un ganolfan, sef Caernarfon yn ein hachos ni yma. Mae'r cyffyrddiad personol wedi ei golli; bellach nid yw enw'n golygu fawr ddim. Y cwestiynau pwysicaf a ofynnir i ni dros y ffôn heddiw (ar ôl inni gael ein hanfon o un adran i'r llall) yw 'rhif y daliad', 'cod post', 'rhif ffôn', 'rhif y fuches', 'rhif cofrestru' ac yn y blaen. Gynt gallech fynd â'ch cwyn at y Cyngor Plwyf, yna'r Cyngor Dosbarth a'r Cyngor Sir, at bobl yr oeddech chi'n eu hadnabod, a hwythau'n eich adnabod chithau ac yn deall y problemau lleol.

Ystyriwch hefyd fod galwadau brys 999 o Lanuwchllyn yn mynd i bencadlys yn Llandudno a rhyw swyddog wrth ei ddesg yn y fan honno'n ceisio cyfarwyddo ambiwlans neu gar heddlu i fan anghysbell yn un o gymoedd Llanuwchllyn. Cam yn ôl yn bendant yw newidiadau o'r fath.

Newidiadau eraill a welodd ein cenhedlaeth ni yw'r newid yng ngwerth arian a sut y cododd prisiau popeth ar ôl dyfodiad yr arian degol. Mae'n debyg y gwelwn newid eto'n fuan iawn pan ddaw'r Ewro i weddill Ynysoedd Prydain. Cymerodd gryn amser i'r genhedlaeth hŷn gynefino â'r ffaith fod deg ceiniog mewn swllt, ac mae'r newid o bwysi i gilos yn faen tramgwydd i lawer o hyd, felly hefyd y llathen i fetr, ac mae llawer o ffermwyr yn dal i fesur ei gaeau mewn aceri yn hytrach na hectarau.

Dros gyfnod y Nadolig cefais gyfle i bori drwy hen focs ac ynddo doriadau o hen newyddiaduron ac ambell hen bamffledyn diddorol yn ymwneud â hanes y teulu. Cyfeirid at ddigwyddiadau yn Llanuwchllyn ac mae'r newidiadau'n syfrdanol. Dyma ddetholiad o bytiau o'r taflenni a'r toriadau:

> Bydd y trydydd Sale ar ddeg Flynyddol y Post Office Llanuwchllyn yn dechrau dydd Mercher Hydref 16 1889 ac yn parhau am bedair wythnos.
>> Gwlaneni cochion a lliwiau at grysau o 7c i fyny
>> Gwlanen lwyd at beisiau, tair a dimai y llath
>> Dresses – stock o French Mexinos duon 2s y llath
>> Shirtings a Regattas – defnyddiau crysau cotton 5c a 6c y llath
>> Stayeses a corsets – stays pur dda 10c yr un
>> Stays rhagorol 1s 3c yr un
>> Ticks – Tick cymwys i ddal plyf 1/6c y llath
>> Carpedi – Detholiad helaeth am 9c, 10c a 1/3c y llath a llawer mwy

Yn gynwysedig yn y pamffled hefyd mae hysbysebion, er enghraifft:

> George's Pile and Gravel Pills – Marvellous Remedy
> If you suffer pain in the back
> If you are troubled with irritations of the bladder
> If you are the martyr of indigestion
> World renowned pills 1/1 and a half per box

Diddorol sylwi hefyd fod L. J. Davies am hysbysu trigolion y Bala a'r cyffiniau ei fod wedi ailagor hen siop Mr J. W.

Roberts yn Heol Tegid a'i fod yn gwerthu amrywiaeth o bethau 'o lace curtains i Parambulators, o toilet covers i saucepans, fenders, ashpans a trunks'.

Mae canmol mawr ar 'cough mixture Hugh Davies' – unig gysur rhyw hen wraig o Lanberis meddai hi yw 'Fy Meibl a cough mixtures Hugh Davies'! Mae Hugh Davies hefyd yn gwerthu tabledi at bob afiechyd ar ddefaid am 6c – sy'n ddigon i ugain o ddefaid. I feddwl ein bod ni'n gwario ffortiwn bob blwyddyn am ddosio!

Mae ambell beth yn Llanuwchllyn nad yw wedi newid llawer. Meddyliwch, er enghraifft, am hanes cyfarfod cystadleuol Carmel a gynhaliwyd gyntaf nos Wener, Tachwedd y 27ain, 1936 (dros 75 mlynedd yn ôl) ac sy'n dal ei dir. Roedd hi'n 'Noson olau leuad a'r addoldy yn llawn a chystadlu am dros bedair awr'. Roedd digon o hiwmor, diolch i'r arweinydd Tomos Gittings Owen (coffa da amdano); a'r Parchedig D. Rhys Thomas (a oedd newydd ddod yn fugail i'r ardal) a'r bardd adnabyddus Evan Evans, Tŷ Coch yn cloriannu'r beirdd. Daeth Myfanwy K. Richards, Bwlchfwlet (Dodo Nanw) yn ail ar yr unawd o 13-18 oed a K. Olwen Roberts, Wern-ddu (Kath Pant Teg) yn gyntaf am ganu gyda'r tannau. Oleuli Thomas, Cwmonnen ddaeth yn fuddugol am enwi llyfrau'r Beibl. Dyma'r limrig buddugol:

> Daw y Gwanwyn hoff i'w orsedd
> Daw yr haul yn llawn cyfaredd –
> Tymor haul a hyfryd hin
> D'wedwch beth o'r gwerth sy'n dilyn.

Diwrnod pwysig arall yn Llanuwchllyn oedd diwrnod y Clwb Troi a Phlygu Gwrych sydd wedi dod i ben ers blynyddoedd maith bellach. Dyma fanylion un ymryson a oedd i'w chynnal ar gaeau'r *Goat*:

14eg o Fawrth 1953
Dosbarth 1 Agored – Troi ag erydr hen ffasiwn
Gwobrau 1af £4 a chwpan 2il £5 a 3ydd £3

Dosbarth 2 Agored i rai heb ennill yn dosbarth 1
Mesur 5 modfedd wrth 7 modfedd
Canieteir tri tendiwr, y tro cylch cyntaf a'r tri olaf a dau
dendiwr ar y Grwn

Plygu a chloddio
Dosbarth 1 Agored Gwobrau £3, £2, a 30/-
Roedd medal am y gwaith 'groom' gorau a £1-1-0 am y
wedd orau.
Cedwir yn gaeth at y rheolau.

Roedd diwrnod pwysig yn y Pale yn Llandderfel ar y 4ydd o Fawrth, 1953 – y testun oedd 'Calchio a gwrteithio y tir', gydag anerchiadau gan y Dr Rice Williams, Trawscoed ac Alun Rowlands, Trawscoed.

Rhoddid pwys ar hwsmonaeth dda bryd hynny, ac am flynyddoedd wedyn hefyd a dweud y gwir, gydag amaethyddiaeth yn cael y sylw dyledus drwy annog ffermwyr i wella tir mynydd a chynhyrchu dau welltyn lle nad oedd ond un yn tyfu cyn hynny. Erbyn heddiw mae amaethyddiaeth yn y baw, a'r tir oedd wedi cael ei wella'n cael ei adael i fynd yn ôl i'r gwyllt a chefn gwlad yn cael ei ddibrisio a'i throi'n faes hamdden a phleser i breswylwyr y trefi.

Ym 1935 roedd dwsin o wyau yn 1s/5c yn Llanrwst, 1s/2c ym Mhwllheli ac 1s/8c ym Mangor. Roedd buchod llaeth yn £25 yng Nghaer a theirw'n £16-10-0.

Dyma brisiau sêl mogied Llanuwchllyn ar Fedi'r 27ain: Mamogaid 18/- i 23/-; ŵyn 10/- i 16/-; ac yn y Bala ar Fedi'r 28ain: moged o 16/- i 21/-.

Mae costau cynnal a chadw ein capeli a'n heglwysi yn dal i gael eu trafod – nid oes fawr wedi newid yn hynny o beth.

Bu Bob Owen, Croesor yn darlithio yn y Bala gan olrhain hanes hen eglwys Llanycil yn ôl ym 1537. Rhyw Mr Davies o Lanuwchllyn oedd y cyntaf i bregethu ynddi a hynny ar Dachwedd y 12fed, 1626.

Mewn cyfarfod yn nhŷ William Pugh, Llanycil ar Dachwedd y 19eg, 1703 penderfynwyd benthyca £20 at gostau atgyweirio'r eglwys. Go brin y talai £20 am baent y ffenestri heddiw!

Mae costau byw ac yn wir gostau marw wedi newid mor ofnadwy yn ein hoes ni. £3-15-0 oedd pris arch gan Tomos Gittings Owen y saer ym 1942. Roedd William Williams, Tegid View yn codi 12 swllt am ailagor bedd a 5 swllt ychwanegol am symud y cyrbiau. Mae ein ffordd o ddangos cydymdeimlad â theulu mewn galar wedi newid yn fawr hefyd. Hawdd iawn erbyn hyn yw prynu cerdyn o siop a'i lofnodi. Yn yr hen focs gwelais lythyr pedair tudalen at fy nain pan fu farw ei phriod ym 1905. Roedd ei ffrind wedi eistedd a meddwl yn ddwys am y brofedigaeth, gan ddyfynnu'n helaeth o'r Beibl.

Oes, mae gan arian – gormod o arian, rhy ychydig o arian, neu'n bwysicach efallai ddosbarthiad arian – lawer i'w wneud â'r newidiadau sydd wedi digwydd yng nghefn gwlad. Yng nghyfnod fy mhlentyndod roedd pob aelwyd o bont y Garth i bont y Ronwy yn gartre i deuluoedd uniaith Gymraeg ond erbyn heddiw estroniaid sy'n byw yn hanner y cartrefi hynny a'r estron iaith mor gynefin â'r Gymraeg yng Nghwm Peniel bellach. Aeth costau byw yn rhy uchel i gael bywoliaeth ar fân ddyddynnod y Garneddwen ac aeth y tiroedd ynghlwm wrth ddaliadau mwy, a'r cartrefi'n cael eu gwerthu am ddeg darn ar hugain o arian a'n hetifeddiaeth yn cael ei bradychu, a'r gymdogaeth a'r gymdeithas yn cael ei thlodi.

Mae'r byd mawr bellach wedi ei gyfyngu i sgrin fach ar ein haelwydydd ac yn aml iawn fe wyddom fwy am y bobl sy'n byw ym mhen draw'r byd nag am ein cymdogion ar draws y cwm, neu ar waelod y stryd. Mae ein horiau hamdden yn cael ei rheoli gan y bocs a'n plant wedi colli'r ddawn o ddiddanu eu hunain yn greadigol, gan syllu ar y sgrin a chwarae â rhyw 'lygoden' yn hytrach na chwarae go iawn â'i gilydd.

Bellach, ystyr 'cymdeithasu' yw bod â gwydraid o'r ddiod feddwol yn eich llaw – dyna'r arferiad erbyn hyn ac mae llwyrymwrthodwyr yn cael eu neilltuo fel pysgod ar dir sych.

Fe newidiodd llawer yn y flwyddyn 2001, i fywyd ac i fywoliaeth canran uchel o bobl, nid yn unig yng nghefn gwlad ond i laweroedd oedd â chysylltiad ag amaethyddiaeth a thwristiaeth. Daeth rheolau a chyfyngiadau yn sgil Clwy'r Traed a'r Genau gan droi bywyd llawer un yn hunllef ac fe ysgwydwyd y byd wedi'r gyflafan yn Efrog Newydd ar Fedi'r 11eg gan greu casineb a rhyfel, gyda phlant a phobl ddiniwed yn dioddef.

Beth yw ein blaenoriaethau bellach, tybed? Ai crafangu mwy a mwy o eiddo materol yw ein dymuniad? Ai bod yn unigolyn cyfoethocaf y fynwent newydd yw ein nod? Neu a oes dewis arall?

Pennod 8 – Hanes y Cyfarfodydd Bach yn Llanuwchllyn

Fe fyddai ymchwilio i hanes y Cyfarfod Llenyddol, neu'r 'Cwarfod Bach' yn Llanuwchllyn yn faes difyr iawn. Ychydig gofnodion ysgrifenedig o'r cyfryw sydd ar gael ond mae'n siŵr fod hanes y cyfarfodydd hyn wedi ymddangos yn y papurau lleol yn rheolaidd. Rwy'n siŵr y byddai o werth i hanesydd lleol ymchwilio i geisio darganfod ble'n union y cynhaliwyd y cyfarfod cyntaf, pa flwyddyn oedd hi a beth a ysgogodd y syniad? Does dim amheuaeth nad yw cyfraniad y cyfarfodydd hyn wedi bod yn amhrisiadwy i hybu doniau lleol ac i feithrin y diwylliant cyfoethog y dylem fod mor falch ohono yn ein bro. Dyma'n sicr y ris gyntaf mewn ysgol, i feithrin hyder a bwrw swildod cyn mentro ymlaen ar lwyfannau uwch fel Eisteddfod Llungwyn, Eisteddfod yr Urdd a'r Genedlaethol ac yn wir i lwyfannau gorau'r byd fel ag a ddigwyddodd i rai megis ein hannwyl Mary Post (Mary Lloyd Davies).

Nid llwyfan i'n datgeiniaid canu a llefaru yn unig ydoedd – ac ydyw – ein cyfarfodydd; bu hefyd yn gyfle i feirdd a llenorion roi inc ar bapur a derbyn beirniadaeth a hyder i ddal ati. Dichon fod llawer i em o delyneg neu englyn wedi cael eu sgriblo ar gefn paced sigaréts at gystadleuaeth cyfarfod bach na welwyd erioed mohonynt wedyn mewn print, a'r un modd gyda gwaith celf a choginio a berffeithiwyd ar gyfer yr hwyl o gystadlu yn erbyn ffrind a chymydog. Mae'n siŵr fod aml i feirniad craff wedi traddodi ei feirniadaeth gyntaf o lwyfan un o'r cyfarfodydd hyn hefyd.

Ar un adeg, cynhelid yn Llanuwchllyn o leia chwe chyfarfod bach yn ystod misoedd y gaeaf – Glanaber, Ysgoldy, Carmel, Dolhendre, Cynllwyd a Pheniel, a darnau newydd yn cael eu dysgu ar gyfer pob un. Meddyliwch am yr holl ddarnau o farddoniaeth, y tonau a'r emynau newydd a ddysgid; roedd hyn yn gymorth garw i ganiadaeth y cysegr a dydd cymanfa. Chwech o eisteddfodau bach bob gaeaf mewn un ardal. Tybed a yw hyn yn unigryw i Lanuwchllyn? Gwyddom fod eisteddfodau tai mewn ardaloedd cyfagos ond mae cynnal chwe eisteddfod yn dipyn o record. Dyna, yn fy marn i, pam mae Llanuwchllyn mor gyfoethog ei chorau a'i phartïon, ei beirdd a'i llenorion, a'r diwylliant a drosglwyddir o genhedlaeth i genhedlaeth yn ffynnu.

Byddai'n dda pe bai aelodau'r gwahanol ganghennau'n casglu gwybodaeth ac atgofion am gyfarfodydd bach eu capel er mwyn inni gael darlun cyflawn o'r hyn a ddigwyddai yn yr ardal ddyddiau a fu. Mae sicrwydd go bendant fod cyfarfod Peniel wedi bodoli'n ddi-dor ers o leiaf dri chwarter canrif, ac wedi cael ei gynnal drwy flynyddoedd yr Ail Ryfel Byd. Tybed a sefydlwyd cyfarfod bach i geisio gwneud ychydig elw tuag at gostau'r Peniel newydd ym 1896. Tybed a fu cyfarfod bach yn yr Hen Beniel ar gae Bryn Gwyn (Rhyd-sarn)? Beth bynnag, roedd cyfarfod Peniel yn digwydd ymhell cyn fy ngeni i ar ddiwedd y 1930au.

Gan mai cerdded fyddai pawb y dyddiau hynny, clywais mai cwestiwn Dafydd Williams, Rhyd-sarn (Marianog) wrth drafod dyddiad y cyfarfod bach fyddai 'Lle mae'r lleuad arni, blant?'. Roedd cael noson ar amser lleuad lawn yn bwysig fel bod y llwybr ar y ffordd adre'n cael ei oleuo, a hefyd byddai'n fwy tebygol o sychu at adeg codi'r lleuad pe byddai wedi bod yn dywydd gwlyb, ystormus cyn hynny.

Mae'r cof plentyn sydd gennyf o Gyfarfod Peniel yn dal yn fyw iawn. Cofiaf y capel yn orlawn, seddi'r ochrau wedi'u codi, y cyntedd a thu ôl y seddi cefn yn llawn o fechgyn a merched ifanc wedi dod yno ar gefn eu beiciau – yn aml o gryn bellter. Roedd hi'n noson dda i gael cariad a danfon merch ifanc adre! Cofiaf y lampau paraffin ac oglau'r oel lamp ac ambell un yn dechrau mygu. Byddai diferion ager yn llifo i lawr y waliau a'r mwg o'r hen stôf ddu honno'n taro weithiau.

Rwy'n cofio'r darn adrodd cyntaf a ddysgais pan oeddwn ryw bump neu chwech oed – 'Yr Hwyaden a'r Fwyalchen'! Mae'n siŵr imi gael ceiniog am gystadlu ond nid oedd gen i fawr o obaith dod yn nes nag ail gan fod Rhiannon Rhyd-sarn yr un oed â mi ac yn dipyn o giamstar ar adrodd. Ni chefais erioed ddigon o hyder i gystadlu fel unawdydd; gwell gen i oedd rhoi pin ar bapur. Y testun llên i'm hoedran i un tro oedd 'Fy Hoff Lyfr'. Mae'n rhaid fy mod wedi cael y llyfr *Dirgelwch y Ffilm* yn anrheg Nadolig ac wedi cael blas arno. Cofiaf imi gael beirniadaeth dda ac anogaeth i ddal ati.

Doedd dim yn anghyffredin mewn gweld naw neu ddeg o blant ar y llwyfan ym mhob cystadleuaeth a chwtogid rhif y penillion i'w canu. Roedd dewis trefn perfformio'r cystadleuwyr yn cael ei wneud yn ddemocrataidd iawn. Byddai Martin Jones wedi rhoi rhifau mewn het a phawb yn codi rhif. Mae dyled y cyfarfod bach a Chwm Peniel yn fawr iawn i'r gŵr hynaws hwnnw o Ryd-y-drain. Cafodd cenedlaethau o blant a phobl ifanc fudd sylweddol o fod dan adain ddisgybledig Martin Jones. Ef fyddai gyda ni yn y Band o' Hôp; ar ôl bod yn chwarae gyda ni am sbel y tu allan, deuai'r alwad, 'Dowch rŵan, 'rhen blant' a than ei hyfforddiant daeth côr Peniel yn gôr i'w ofni! Roedd o'n ŵr a allai gadw disgyblaeth heb erioed fod yn gas a phawb yn ei barchu oherwydd hynny. Un rheol bendant oedd ganddo, sef na ddylai neb sefyll yn y pulpud nac yn wir ar ris y pulpud. Roedd y pulpud yn lle cysegredig yn ei olwg a byddai hyd yn oed aelodau hynaf y côr yn gorfod ufuddhau.

Roedd llenwi'r lampau paraffîn a glanhau'r gwydrau'n ddefod bwysig cyn noson y cyfarfod bach gan y disgwylid i'r golau gael ei gadw ynghyn tan hanner nos neu'n hwyrach. Ond tua diwedd y 1940au daeth teulu Hendre Mawr â golau trydan mwy dibynadwy yno. Pwmpiwyd dŵr o lyn corddi'r

Hendre i droi tyrbin ar y buarth er mwyn cynhyrchu trydan, a hwnnw'n cael ei gario ar wifrau gydag ochr y ffordd i Beniel. Roedd olwyn fechan (mae hi'n dal i fod yno heddiw) ar flaen y beipen i reoli llif y dŵr i'r tyrbin. Gwyddai ambell lanc direidus am hyn ac ar noson sawl cyfarfod bach gwelid y golau'n gwanhau ac y tywyllu, gan greu panig a pharatoi i oleuo'r lampau paraffîn. Ymhen blynyddoedd cafwyd peiriant *Startomatic* a bu'r golau'n llawer mwy dibynadwy wedyn.

Tomos Gittings Owen, Tyddyn Llan oedd yr arweinydd cyntaf a gofiaf i a byddai galw mawr am ei wasanaeth. Roedd yn ŵr ffraeth a hwyliog – un arall o gymwynaswyr mawr Llanuwchllyn. Roedd Emlyn Evans, Llwynllwydyn yn arwain yn aml hefyd, ac yn ddiweddarach Richard Evans a oedd yn athro yn yr ysgol.

Un o hen blant y cwm, neu un â chysylltiad agos, a gâi ei wahodd i fod yn llywydd y noson. Mae'r arferiad hwnnw'n parhau o hyd, diolch am hynny, er bod y dewis yn prinhau. Cafwyd aml i anerchiad difyr a llawer o atgofion am ddyddiau a fu.

Er bod niferoedd y plant wedi prinhau mae safon y cystadlu'n dal yn rhyfeddol o dda a phawb yn edrych ymlaen at gyfraniad y bobl ifanc, gan ryfeddu at y doniau disglair sydd gennym yn yr ardal. Mae testunau'r gwahanol gystadlaethau wedi dal yn rhyfeddol o debyg dros y blynyddoedd ond gan gynnwys ambell eitem fwy modern, yn offerynnol neu'n fwy dramatig megis detholiad o sioe gerdd.

Amser maith yn ôl roedd cystadleuaeth cerdd goffa yn ddigon cyffredin, pe bai digwyddiad trist wedi bod yn y cwm. Bu enghraifft o hyn wedi marwolaeth Catrin Parry, Llys Arthur ar Ragfyr y 10fed, 1942. Profa hyn fod Cyfarfod Peniel wedi parhau drwy gyfnod yr Ail Ryfel Byd.

Penllanw hanner cyntaf y cyfarfod bob amser oedd y côr

plant. Weithiau byddai tua ugain i ddau ddwsin o blant yng nghôr Peniel pan oeddwn i'n blentyn. Cofiaf fel y byddai Mrs Williams, Rhyd-sarn ac Annie Jones, Eithinfynydd yn 'dod i gydganu' gyda'r altos yn ymarfer y Band of Hope. Deuai Miss Gretta Williams (Telynores Uwchllyn) i chwarae'r organ fel rheol yn y practis olaf a hi fyddai organyddes swyddogol y cyfarfod – un arall y mae Llanuwchllyn yn ddyledus iawn iddi.

Un o binaclau'r noson fyddai'r her unawd, neu'r unawd i rai a oedd heb ennill hanner coron (2/6) o'r blaen. Roedd Mrs Wilson, y Rhos yn gystadleuydd cyson. Bu hi'n byw am gyfnod yn Llundain ac yn ôl pob sôn arferai fod yn gantores wych. Ar ôl colli ei gŵr daeth yn ei hôl i fyw i'r Rhos dan amodau byw go wahanol. Am wahanol resymau roedd llais Mrs Wilson wedi syrthio o'i uchelfannau ers tro ac wedi mynd i grynu'n o arw a'r nodau uchaf yn bur gryg, ond er hyn daliai ei dehongliad o 'Pistyll y Llan' i ennyn diddordeb bob amser.

Dau arall o ffyddloniaid yr her unawd oedd Ifan Huws, Garth Goch a'r llais cyfoethog o'r Pandy, sef Dafydd Lloyd Jones.

Caem ninnau ein hannog i gystadlu pan oeddem yn ifanc iawn. Mae'n rhaid mai rhyw un ar bymtheg oed oedd Rhiannon; Aur, Bryn Gwyn; Tecwyn, Eithinfynydd a minnau yn dechrau canu pedwarawd gyda'n gilydd. Cofiaf fel y byddem yn rhedeg i Ryd-sarn i ymarfer y gân cyn y gystadleuaeth – neu ai esgus oedd hynny tybed, gan y gwyddem y byddai byrddau Rhyd-sarn dan eu sang o bob danteithion ar gyfer swper y beirniaid a'r swyddogion ar ôl y cyfarfod! Credaf mai'r geiriau 'Tydi sydd deilwng oll o'm cân' ar y dôn 'Godre'r Coed' oedd ein cystadleuaeth gyntaf. Mae'n rhaid ein bod yn cael hwyl dda arni gan inni gael ein gwahodd i ganu yng nghyngerdd y Sosial flynyddol.

Fe gollwyd Rhiannon ac Aur pan aeth y ddwy i'r coleg

ond yn ffodus, yng ngwanwyn 1950, daeth teulu newydd i Alltygwine, teulu a oedd yn ffitio i'r dim i draddodiad Peniel, a daeth Llinos a Glenys i wneud y pedwarawd yn gyfan unwaith eto. Gwnaeth dyfodiad teulu Alltygwine wahaniaeth mawr i Gwm Peniel a chaniadaeth y cysegr. Daeth Arthur D. Jones yn y man i gymryd lle Martin Jones gan ddechrau dysgu'r plant ac arwain côr Peniel, ac ar ôl colli ei thad mae Llinos wedi cymryd yr awenau, er bod y nifer bellach wedi mynd yn o fach.

Yn ogystal â bod yn gerddor roedd Arthur D. Jones yn fardd ardderchog ac yn dynnwr coes heb ei ail. Doedd neb yn ddiogel pan ddeuai beirniadaeth y gân ysgafn neu'r limrig ac fe welid aml i wyneb coch yn y gynulleidfa. Roedd telynegion Arthur D. Jones yn ddealladwy hefyd a phob amser yn taro deuddeg.

Un arall gwych am delyneg oedd Einion Edwards ac fe gafodd aml i garden goch ar ei felt. Mae Awel Jones ei ferch wedi cynnwys llawer o'i delynegion yn y llyfr *Mi glywais 'nhad* – nifer ohonynt wedi eu cyfansoddi'n arbennig ar gyfer cyfarfodydd bach Llanuwchllyn. Ymddengys ambell i bortread o gymeriadau Llanuwchllyn hefyd yn yr un gyfrol a'r rhain eto wedi eu paratoi at y cyfarfodydd bach. Nid oes amheuaeth felly fod y cynhyrchion yn amhrisiadwy ac yn rhoi darlun go dda o fywyd a thraddodiadau'r ardal ar hyd y blynyddoedd.

Cystadleuaeth ddifyr arall oedd darllen darn heb ei atalnodi, neu araith ar y pryd ar destun a godid o het. Cofiaf griw ohonom yn laslanciau yn mentro i'r gystadleuaeth parti cyd-adrodd. Y darn gosod oedd detholiad o 'Y Fantell Fraith'. Cofiaf ymgynnull yn y tywyllwch yn y cwt ymochel yn Llys Halt. Meddyliwch beth fyddai rhywun a aethai heibio'r noson honno wedi ei ddweud o glywed:

Llygod! Dyna i chwi lygod, a dyna i chi sŵn,
Rhai cymaint â chathod, bron cymaint â chŵn.

Roedd yn ddigon i yrru iasau i lawr asgwrn y cefn rwy'n siŵr!

Roedd yn Llanuwchllyn – ac y mae o hyd – feirdd y canu caeth hefyd a gwŷr fel Robert Eifion Jones ac Ifan Roberts, Henryd yn cael eu gwobrwyo'n aml. Cystadleuydd cyson arall oedd R. J. Edwards (Robin Jac) o'r Hendre Mawr. 'Be 'di testun englyn Peniel 'leni, wa?' Go brin y byddai RJ yn datgelu ei hun ac yn ateb i'w ffugenw ond gwyddai pawb yn eitha da pwy oedd y tu ôl i ambell englyn neu ddychangerdd go grafog!

Un arall gwych am englyn oedd Gruffydd Griffiths, Dolfeili a gâi ei adnabod fel Guto Bach. Roedd sôn ei fod yn dipyn o law am ddal eog hefyd. Ond mae ei englyn i'r 'samon' wedi mynd yn angof bellach, ar wahân i'r llinell *'Guto Bach will get you boy'*!

Mae edrych yn ôl dros y blynyddoedd wedi dod â llawer o atgofion ac yn yr atgofion hynny mae llawer o ddiolchgarwch. Diolch i'r rhai a fu mor driw ac a roddodd eu hamser i addysgu cenedlaethau o blant Cwm Peniel ac a roddodd esiampl dda inni ymgyrraedd ati.

Mae Cyfarfod Peniel yn parhau'n ddigwyddiad pwysig yng nghalendr trigolion Llanuwchllyn ac yn wir, hyd heddiw bydd cacen rhywun wedi llosgi; bydd rhywun yn destun tynnu coes; bydd cythrel canu (cyfeillgar) yng nghystadleuaeth yr wythawd; a bydd rhyw gôr wedi cael cam!

Bellach nid oes raid poeni a oes digon o ddŵr yn llyn yr Hendre i roi gole dan hanner nos. Llif arall sy'n ein poeni heddiw. Nid yw'n llawer o bwys chwaith a fydd y lleuad yn llawn neu beidio; fydd yne'r un ferch yn disgwyl cwmni i gerdded adre. Dyna biti!

Pennod 9 – Ffynhonnau

'Ni welir gwerth ffynnon nes elo'n hesb'

Cyn dyddiau cyflenwad dŵr neu'r dŵr tap, byddai ffynnon o werth amhrisiadwy ar fferm i ddiodi dyn ac anifail ac i ddibenion eraill. Yn aml codid ffermdy yn agos i ffynnon a gwelid ffynnon ar y mwyafrif mawr o ffermydd a thyddynnod.

(Cydymaith Byd Amaeth 2,
Y Parch. Huw Jones, tud. 167)

Roedd yr hen ddihareb uchod yn ddieithr i mi ond mor wir ei neges, fel y gwelsom ar aml i haf sych a minnau'n gorfod ysgwyddo'r iau â dau fwced i gyrchu dŵr o gryn bellter weithiau. Mor lwcus ydym; ychydig iawn a wyddom ni yn y parthau hyn am brinder dŵr ond mewn rhannau o'r byd mae prinder dŵr glân yn fater o fywyd neu farwolaeth. Dywedir y gall dyn fyw yn o hir heb fwyd ond mae'n beth hollol wahanol bod heb ddiod i ddisychedu'r corff.

Mae llawer cyfeiriad i'w cael yn y Beibl at ffynhonnau a'r un modd yn ein hemynau, a chaiff aml i adnod sy'n cyfeirio at ffynnon neu bydew ei dewis yn destun pregeth. Efallai bod dyn wedi ymyrryd mwy wrth gloddio pydew ond darganfod tarddle dŵr a gwarchod y ffynnon yw diben bob pydew.

Ychydig iawn o destunau pregethau a gofiaf ond mae'n rhaid bod un bregeth wedi creu argraff ddofn arnaf gan fod y testun wedi aros ar gof, er nad wyf yn cofio'r pregethwr nac o ble yn y Beibl y cafodd yr adnod. Y testun oedd 'Na ddymchwelwch yr hen bydewau, y rhai a gloddiodd eich tadau yn yr anialwch'. Y capeli bach yng nghefn gwlad, mewn mannau anghysbell yn aml, oedd y pydewau i'r cennad hwnnw. Y pydewau a gododd ein hynafiaid mewn amser o dlodi a chyni a ninnau'n cael y cyfle i aros a drachtio o ddŵr grisial y ffynnon i'n hatgyfnerthu ar daith bywyd. Mae effaith yr hafau sych yng Nghymru ac yn arbennig yng nghefn gwlad wedi sychu amryw o'r ffynhonnau hynny gwaetha'r modd ac aml i gapel bach wedi cau ei ddrysau. Lle gynt roedd y capel yn fwrlwm o weithgareddau a'r gymdeithas yn llawn egni, heddiw mae gwirionedd yr hen ddihareb yn dod yn fyw iawn inni.

Yn gyffelyb i'r capel bach, gellir ychwanegu siop y pentre, yr ysgol leol, y neuadd a thafarn y pentre. Dyma'r ffynhonnau lle mae cymdeithas un ardal yn ymgasglu i fwynhau bwrlwm a gweithgareddau'r fro. Da fyddai i Gyngor Gwynedd a llawer awdurdod arall gofio hynny cyn gwneud penderfyniad a allai wireddu geiriau'r hen ddihareb.

Nid fy mwriad oedd ysgrifennu pregeth ond yn hytrach gofnodi safleoedd ambell i ffynnon yn fy milltir sgwâr – ffynhonnau y cefais ddrachtio ohonynt lawer gwaith a bod yn falch o'u cyrraedd lawer gwaith hefyd.

Cyn dyfodiad dŵr Arenig, roedd ffynnon bwysig yn y Pandy yn swatio wrth ffens y lein o dan Glan-ffrwd. A minnau'n blentyn ysgol, cofiaf yn dda weld trigolion Heol yr Orsaf a llawer o ddeiliaid eraill y Pandy yn dod â'u bwcedi i gyrchu dŵr ac i gael sgwrs a rhoi'r byd yn ei le yn ddi-os. Er bod rhaid croesi rhyw fath o bompren dros ffos y ffatri i'w chyrraedd, ac er bod pob math o lanast i'w weld yn y ffos yr adeg honno, mae'n rhaid bod dŵr y ffynnon yn ffres a glân gan na chlywais neb yn cwyno o'i herwydd. Roedd pwmp dŵr ar y buarth o flaen hen Dŷ'r Ysgol i ddisychedu trigolion y Llan.

Mae'n rhaid bod ffynnon gref yn tarddu'n rhywle ar dir Cilgellan yn y dyddiau hynny a chlywid sôn am gaethiwo dŵr y ffynnon honno a'i bibellu i ddisychedu trigolion Llanuwchllyn. Fodd bynnag, dŵr o Lyn Arenig gyrhaeddodd y Llan.

Dywed Huw Jones fod llawer o ffermdai wedi cael eu hadeiladu yn ymyl ffynnon ond yn achos Hendre Mawr fe godwyd tŷ *dros* ffynnon sydd i'w gweld o hyd yn y seler o dan y tŷ. Roedd y seler a'r ffynnon yn lle delfrydol i gadw menyn a bwydydd fel cig yn ystod y tywydd poeth. Rhewgell y gorffennol!

Mae ffynnon Maes-gwyn yn yr ardd islaw'r tŷ. Gyda dyfeisiadau modern yr oes hon nid yw hynny'n ddim problem. Yn y gorffennol arferid cario dŵr o odre'r graig – pellter o gryn hanner milltir.

Ychydig lathenni y tu allan i ddrws y seler mae ffynnon Llwynllwydyn ac mae'r llawr o'i chwmpas wedi'i goncridio'n daclus. Cofiaf yn dda pan oedd bri ar werthu llaeth mai yn y ffynnon hon y gosodai Emlyn Evans y gasgen laeth – godriad min nos, i sefyll dros nos, i'w gadw'n oer a ffres. Cofiaf yn dda hefyd, a chriw ohonom allan yn canu carolau, i ddau o'r criw lithro i'r ffynnon at eu pengliniau. Ni fu gweddill y noson yn bleserus i'r ddau hynny mae'n siŵr!

Ffynnon y gellid dibynnu arni bob amser oedd y tarddiad i fyny yn Ffridd Bach Llwyngwern. Hon oedd, ac sydd, yn cyflenwi'r ffos a red hyd waelod Pant-clo, a chaiff ei chronni yn y llyn corddi yng ngwaelod Maes Gwilym. Yn y dyddiau a fu roedd i'r llyn bwysigrwydd mawr, nid yn unig i'w sianelu i droi'r olwyn ddŵr oedd yn troi'r fuddai fawr yn y bwtri ond hefyd i droi'r injan malu gwellt yn y llofft stabl, a'r 'gibler' malu blawd. Dyma'r dŵr a lifai o'r ffos i dap yn y gegin gefn at ddibenion y teulu yn ogystal.

Ffynnon arall y byddid yn dibynnu llawer arni oedd y ffynnon yng nghwr y coed o dan y Topyn Iddew. Ychydig o sylw a gâi'r ffynnon hon a dweud y gwir gan fod ei dŵr yn ymollwng ac yn disgyn dros wyneb talp o graig ychydig yn is gan greu pistyll. Dyma'r lle a alwem ni yn Pistyll Mardyn (er mai Madryn sy'n gywir, medd rhai). Gan fod y dŵr yn disgyn yn bistyll, fe greodd rhyw fath o lyn bychan wrth odre'r graig lle bydd y gwartheg yn yfed yn yr haf. Yn y dŵr o gwmpas Pistyll Mardyn y gwelaf, yn ddieithriad bron, rifft llyffant cyntaf y gwanwyn – arwydd, meddir, na fydd llawer o dywydd rhewllyd i ddilyn. Mae dŵr Pistyll Mardyn yn oer iawn a byddwn yn gorfod cyrchu bwceidiau ohono ar ddiwrnod corddi pan fyddai'r tywydd yn boeth yn yr haf a'r ymenyn o'r herwydd yn anodd ei drin. Byddai tywallt dŵr y ffynnon i'r noe fenyn yn ei wneud yn haws cael siâp ar y pwysi menyn. Pan oedd Mam ar ei gwely angau yn Ysbyty Maelor, cael dŵr o Bistyll Mardyn oedd ei dymuniad olaf.

Ffynnon arall bwysig i Lwyn-gwern oedd y ffynnon yng ngodre'r graig ar dop Pant-clo. Cofiaf am un cyfnod yn y 1940au pan oedd bron pob fferm yn godro a gwerthu llaeth i Hufenfa Meirion yn Rhyd-y-main. Dyma fenter a fu'n fanteisiol iawn ac a gododd lawer o ffermydd Meirionnydd ar eu traed mewn amser anodd iawn. Roedd rheolau'n bodoli bryd hynny hefyd ac un o'r rheolau oedd bod yn rhaid i'r dŵr a ddefnyddid fod o ansawdd arbennig. Cofiaf yn dda am un wraig o'r enw Miss Davies y Llaeth yn dod i gymryd sampl o ffynnon Pant-clo. Bu canlyniad y sampl hwnnw'n foddhaol iawn ac aed ati'n ddiymdroi i gronni'r dŵr grisial mewn tanc arbennig a'i bibellu i'r tŷ, y beudy a'r tŷ llaeth. Dyma'r dŵr sy'n diwallu anghenion y teulu byth oddi ar hynny.

Mae corlan ddefaid wrth dalcen Moel Caws ac arferai Llwyngwern, Llwynllwydyn a Thŷ Mawr ei defnyddio i drin defaid. Wedi blinder yr hel a'r corlannu, byddai pawb yn anelu am y ffynnon gerllaw i ddisychedu cyn dechrau'r gwaith yn y gorlan. Cofiaf yn arbennig am un amgylchiad. Roeddwn wedi bod yn helpu Emlyn Evans, Llwynllwydyn i hel ei ddefaid ar y Derlwyn gerllaw. Roedd hi'n ddiwrnod mwll a thrymedd a'r defaid wedi bod yn anodd eu hel a'u corlannu. Wedi cael yr helfa i ddiogelwch y gorlan, anelais am y ffynnon ond roedd yr hen Ffan wedi blino hefyd ac wedi gwneud yr un penderfyniad o'n blaenau, a chan ei bod yn cario cŵn bach, aethai i mewn dros ei phen i'r dŵr! Digon yw dweud na fu llawer o Gymraeg rhwng Emlyn a Ffan weddill y diwrnod!

Nid nepell yng ngwaelod Warin Tŷ Mawr saif hen adfeilion Tre Eurych. Rhed afon Dyfrdwy gerllaw. Mae ffynnon dda iawn yn tarddu o gwr carreg fawr. Ar lan afon Dyfrdwy roedd corlan i olchi defaid cyn cneifio a derbyniol iawn oedd cael drachtio o ddŵr y ffynnon ar ôl gorffen y gwaith ond fe'n rhybuddid yn aml i beidio yfed gormod gan fod ei dŵr yn oer iawn. Tybed ai'r ffynnon hon a ddiwallai anghenion trigolion Tre Eurych ganrifoedd yn ôl?

Wedi dringo Rhiw'r Gorlan a phasio'r Dre Fawn, rhaid troi drwy'r giât i fynydd yr Hendre a chanlyn y llwybr defaid nes dod bron i ben uchaf mynydd yr Hendre ac yno mae ffynnon a gâi lawer o sylw gan ddyn ac anifail ers talwm. Dyma'r llwybr swyddogol i symud defaid Caer-gai a Llwyngwern ymlaen am Gefn Glas a'r Dduallt. Er bod tyfiant gwyrdd dros wyneb y dŵr yn aml ac ambell lyffant neu genau-goeg yn cartrefu yno, roedd ei dŵr bob amser yn dderbyniol a chwpan wedi ei chuddio yn y brwyn gerllaw. (Mae'r cwbl o dan goed pîn heddiw, ysywaeth.)

Ychydig uwchben eto mae'r Plas Coch, sef tŷ bychan a godwyd o gerrig garw'r mynydd yn lloches i fugail neu dorrwr mawn. Yno hefyd yr oedd corlan Caer-gai a Llwyngwern. Yn y tŷ bach hwn y byddai'r bugeiliaid yn ymgynnull i gael hoe a thamaid i'w fwyta cyn dechrau neu ar ôl gorffen y gwaith yn y gorlan. Roedd diwrnod golchi defaid yn achlysur cymdeithasol iawn a thair fferm yn helpu ei gilydd gan fod galw am lawer o ddwylo wrth y gorlan olchi i lawr ar dalcen Bryniau'r Bugeiliaid. Cofiaf mai gwaith un o weision Caer-gai oedd paratoi'r gorlan, cynnau'r tân a berwi'r tegell erbyn y câi'r helwyr yr helfeydd at y gorlan. Roedd y gorlan wedi ei thrwsio a thanllwyth o dân yn y grât ond dim tegell, hynny oherwydd bod John Evans druan wedi methu dod o hyd i'r ffynnon! Gofalwyd byth wedyn fod polyn a fflag wedi ei gosod i ddynodi tarddiad y dŵr grisial. Do, cafwyd llawer o dynnu coes wedi'r amgylchiad ond roedd rhywbeth yn arbennig iawn mewn paned o hen fwg *coronation* yn y Plas Coch!

Draw ar wyneb y Fraich Lusog mae pantle gwlyb bob amser a elwir yn Bant Ffynnon Oer. Er na welais erioed darddiad y dŵr hwnnw, mae'r dŵr yn rhedegog waeth pa adeg o'r flwyddyn na pha mor sych yw'r haf.

Rai blynyddoedd yn ôl bellach cefais wahoddiad i dywys grŵp bychan at darddle afon Dyfrdwy wrth droed y Dduallt. Grŵp oeddent a gomisiynwyd i wneud rhaglen deledu ar hanes taith afon Dyfrdwy bob cam i Gaer. Gŵr croenddu oedd y bardd a'i waith ef oedd disgrifio'r daith mewn barddoniaeth ac roedd un arall yn arlunydd proffesiynol. Fel y nesaem at Odre'r Dduallt tawelodd pob sgwrs gan fod y ddau wedi eu cyfareddu gan yr olygfa a'r tawelwch; natur yn ei holl ogoniant heb na pholyn trydan na ffens na dim i amharu ar brydferthwch natur, dim ond cadernid y clogwyni uwch ein pennau. Safodd pawb yn fud wedi cyrraedd y fan lle byrlymai'r dŵr o'r ffynnon rhwng y cerrig wrth odre'r graig. Toc meddai'r bardd croenddu:

> *I want you all to sit down quietly, close your eyes and just listen to the stillness around you. Just listen to Mother Earth giving birth to the river Dee. Just listen to the pain of labour as the water breaks. Just listen to the cries of joy as the newborn leaves the womb on its long journey.*

Pwy ddywedodd mai yn llyfr Genesis yn unig y ceir hanes y creu? Yn y munudau hynny, teimlais innau ryw wefr nad anghofiaf byth o gael bod yn rhan o'r creu sy'n digwydd o'n cwmpas bob dydd ond ein bod yn rhy ddall i weld hynny.

Pennod 10 – Meddwl am Eraill

Nos Sadwrn ar ddechrau mis Tachwedd oedd hi. Roedd yr wythnos wedi bod yn wlyb ac yn annifyr – fel sy'n digwydd yn aml ym mis Tachwedd – ond roedd y dydd Sadwrn hwnnw wedi bod yn eithriadol o wlyb ac ystormus a'r ddaear yn methu cymryd mwy o ddŵr. Llanwyd y cwteri gan ddail a mân frigau'r hydref gan beri i lifogydd lifo'n ddilywodraeth i'r fan a fynnai.

Roedd trwyn y Morris 1100 yn cyfeirio am Ddyffryn Dyfi. Beth oedd tipyn o wynt a glaw i lanc ifanc mewn cariad? Dyma ganu corn a chodi llaw ar dop y Garneddwen wrth weld hen gymydog yn agor y giât cyn troi am adre i ddiddosrwydd aelwyd a thanllwyth o dân. Cyrhaeddais Bontarddyfi a gweld bod y ffordd ar y gwastad at bont y rheilffordd a gorsaf Machynlleth o dan ddŵr ond bod cerbydau'n dal i fynd ymlaen yn araf.

'Twt, mi sychith toc ac mi fydd y dŵr wedi gostwng cyn y bydd gen i eisiau mynd adre,' meddwn wrthyf fy hun. Ond mae rhywun yn anghofio'r tywydd a'r amser pan fo'r cwmni'n felys! 'Oes 'na leuad heno tybed? Mi wellith at godi'r lleuad.'

Arhosais am ychydig i weld a wnâi hi laneiddio ond nid oedd argoel fod y storm am dawelu a rhaid oedd ei throi hi am adre. Gwelais arwydd wrth y cloc ym Machynlleth – 'FLOOD – Road Closed'. Dyna feddwl y buaswn yn gallu mynd adref drwy Lanwrin a chyfeirio am Gemaes a throi i'r chwith am Lanwrin. Buan iawn yr oedd y Morris bach mewn dŵr eto, yn rhygnu ymlaen yn araf gan basio car a adawyd yn y clawdd. Dyna ddal i fynd a phasio car arall wedi nogio yn y dŵr. Roedd y Morris bach yn dal i fynd a'r dŵr yn dyfnhau a bu'n rhaid stopio ar ychydig o godiad yn y ffordd.

'Be dwi'n mynd i'w wneud? Troi'n ôl neu ddal i fynd?' gofynnais i mi fy hun. 'Beth petai'r injan yn diffodd wrth imi geisio troi'n ôl, neu fynd i'r ffos?' Bellach roedd hi'n hanner awr wedi un ar ddeg a dim golau i'w weld yn unman. Ofnais y byddwn yno tan y bore yng nghanol y dŵr petai'r injan yn diffodd. Ond yn sydyn gwelais olau cerbyd yn dod yn araf tuag ataf yn y pellter. Fan wen fawr ydoedd ac fe arhosodd y gyrrwr ac agor y ffenest gan weiddi: *'Keep to the middle of the road, keep your revs up, you might get through.'*

Ei mentro hi ymlaen yn araf a wneuthum gan basio car neu ddau arall a oedd wedi methu mynd drwy'r lli. Roedd y Morris bach yn dal i fynd a llai o ddŵr ar y ffordd erbyn hyn. Dyma roi ochenaid o ryddhad wrth gyrraedd y ffordd a'i throi am Gorris. Daliais i fynd yn bwyllog a'r dŵr yn dod i lawr bwlch Tal-y-llyn fel afon a chyn bo hir cyrhaeddais adre'n ddiogel o'r diwedd.

Y noson ganlynol euthum i gapel bach y Cwm a daeth gwraig yr hen gymydog ataf gan ddweud, 'Rwy'n yn falch o dy weld di wedi cyrraedd adre'n saff. Gefaist ti noson ofnadwy neithiwr? Wsti fod Martin wedi troi a throsi a methu cysgu drwy'r nos. Mi gododd o'i wely am hanner awr wedi un ar ddeg a mynd ar ei liniau wrth erchwyn y gwely. "Gweddïo y caiff yr hen John bach ddod adre'n ddiogel drwy'r storm" oedd o, medda fo.'

Roedd gofal a chonsyrn yr hen Martin Jones wedi bod yn arbennig iawn i'n gwarchod ni blant y Cwm erioed a meddyliwch amdano ar y noson ystormus honno'n fy nghyflwyno fi i un sydd yn gallu gostegu'r storm.

'Keep to the middle of the road, keep your revs up, you might get through.'

Wn ni ddim, ond mae'n haws gen i gredu mai gweddi Martin Jones am hanner awr wedi un ar ddeg a ddaeth â fi'n ddiogel drwy ddyfroedd dyfnion Dyffryn Dyfi'r noson honno.

Pennod 11 – Atgofion am Gwm Peniel

Mae fy atgofion am Gwm Peniel yn mynd yn ôl i hanner olaf y 1930au, gan fod rhai digwyddiadau o'r cyfnod hwnnw'n fyw yn fy nghof o hyd.

Cofiaf Mrs Margied Jones, Rhos Dylluan – gwraig oedrannus a oedd yn athrawes ar y dosbarth plant bach yn Ysgol Sul Peniel. Yn anffodus roedd cryn atal ar leferydd Margied Jones a hynny'n creu llawer o ddiddordeb ynom ni blant. Rwy'n cofio fel ddoe imi gael fy rhoi i eistedd yn ymyl Margied Jones yn y dosbarth bach. Gwisgai ddillad duon llaes a rhyw gôt ddu flewog a het ddu ar ei phen gwyn, a chofiaf mai'r cwbl a wnes i y bore Sul hwnnw oedd pigo gwallt gwyn Margied Jones allan o flew'r hen gôt ddu flewog!

O sôn am yr Ysgol Sul, mae'n debyg mai trwyddi hi y cefais y cyfle cyntaf i ddod i adnabod trigolion Cwm Peniel. Pa ffordd well o ddod i adnabod y fro a'i phobl na thrwy fynd â'r garden Cenhadaeth y Plant yn fy llaw o aelwyd i aelwyd a chael croeso ym mhob man, waeth pa enwadaeth oedd trigolion yr aelwydydd hynny. Beth am fynd yn ôl gyda mi felly â'r garden yn fy llaw? Byddwn yn falch o'ch cwmni a chewch chwithau dipyn o atgofion a chyfle i ddod i adnabod trigolion Cwm Peniel o ddyddiau fy mhlentyndod. Bydd yn rhaid loetran ychydig yn hwy ar ambell aelwyd mae'n siŵr, gan fod rhai atgofion yn mynnu glynu mwy wrth gofio ambell unigolyn neu aelwyd.

Ble gawn ni gychwyn felly? Wel, does raid gofyn ddwywaith. Rhaid cael 'topline' go dda ar y garden ac felly Llwynllwydyn amdani! Doedd dim angen esgus cyn galw yno wrth gwrs; dau led cae oedd rhyngom a'n cymdogion a'r rheiny'n gymdogion o'r iawn ryw a'r ddau deulu'n ffrindiau gorau. Roedd Emlyn Evans a Mrs Evans yn ddi-blant ac felly caem lawer iawn o sylw yno a'r hawl i'w galw hi'n Dodo

Mim. Gwraig fregus ei hiechyd a ddioddefai o frest wan ac yn gorfod ildio i'w gwely beunydd oedd Dodo Mim ond er hynny roedd hi'n hwyliog bob amser. At Emlyn Evans yr aem ni blant i ddysgu adrodd. Gallwn sôn llawer am y teulu caredig yma gan i Emlyn Evans fod yn ffrind cywir iawn ar hyd y blynyddoedd. Collodd ei briod yn fuan iawn ar ôl symud i Lantegid yn y Pandy ond bu'n ymwelydd cyson a thriw hyd y diwedd. Byddaf yn dal i hiraethu'n aml ar ei ôl. Roedd yn ŵr a fu'n ddylanwad mawr arnaf i ac ar bawb a gafodd y fraint o'i adnabod.

Rhaid symud ymlaen – mae swm anrhydeddus ar ben y garden! Awn heibio cornel yr hen dŷ a heibio'r stabl lle'r oedd yr hen Bell yn crafu'r palmant wrth glywed sŵn ein traed. Nis gallaf ddweud fod yr hen Bell a minnau'n rhyw ffrindiau mawr iawn. Onid yr hen Bell aeth â'm brawd bach yn yr hen focs du i fynwent y Llan?

I fyny Buarth Ucha ac ar draws Cae Isa i Faes-gwyn. Yno byddai cŵn y greadigaeth yn rhedeg dan gyfarth i'n cyfarfod; cymysgedd o gŵn defaid a chŵn hela llwynogod ond cyfarth ac ysgwyd cynffon ar yr un pryd y bydden nhw - dyna i chi groeso! Yn aml iawn byddai William Jones ar ben Cae Beudy yn gweiddi nerth ei ben. Roedd ganddo ryw lais fel taran a gariai i bellafoedd. Roedd ei briod, Mrs Jones, yn bur gloff; y dyddiau hyn fe fyddai wedi cael triniaeth bwrpasol i'w chlun. Fe gymerai hi dri chwarter awr i gerdded oddi wrth y trên o'r Llys Halt i fyny i Faes-gwyn. Lle amlwg iawn oedd Maes-gwyn a dyma'r lle agosaf i mi rewi ynddo erioed gan imi gael y gwaith o dorri rhimynnod ar dop y dyrnwr a minnau ond yn hogyn rhyw bymtheg oed. Diwrnod o Chwefror ydoedd a gwynt y gogledd oer o Flaenlliw yn chwythu'r eira caled o dop to'r helm am fy mhen. Cofiaf y cywilydd o ddechrau crio yng ngŵydd pawb wrth y bwrdd cinio gan gymaint y boen yn fy nwylo wrth ddechrau dadmer yng ngwres y gegin, a minnau'n methu cydio mewn cyllell a fforc.

Bellach mae Maes-gwyn ym meddiant Saeson o'r canolbarth a mwg yn dod drwy ei gorn rhyw hanner dwsin o weithiau bob blwyddyn. Mae'r tŷ mewn gwell cyflwr mae'n siŵr ond oer a digroeso yw'r aelwyd.

Gadawn Faes-gwyn felly a'i throedio dros y fawnog i Dyddyn Ronnen. Rhaid cadw llygad rhag ofn fod y tarw gyda'r buchod ar Fryn-coch. Wedi cyrraedd Tyddyn Ronnen yn saff cawn groeso cynnes bob amser gan yr hen wraig Lizzie Edwards. Gellid dadlau mai ym Mhennantlliw Bach y mae Tyddyn Ronnen o ran ei safle ddaearyddol ond mae'n ddigon saff dweud mai pobl Peniel fu teulu Tyddyn Ronnen ers cenedlaethau ac mae'n hyfryd meddwl fod cenhedlaeth ifanc eto'n codi yno i barhau'r traddodiad. Gyda Lizzie Edwards roedd ei mab Einion a'i briod Hannah Edwards a chroeso arbennig bob amser. Pleser oedd cael mynd yno'n ddiweddarach i gneifio gan mor gartrefol oedd yr awyrgylch bob amser a thyfais i adnabod Einion Edwards fel cyfaill a oedd mor hawdd rhannu problemau bywyd ag o. Roedd yn gwmnïwr diddan ac yn llawn hiwmor.

Rhaid symud ymlaen eto, 'rôl cael cyfraniad hael ar y garden ac yn y stumog, a throi'n ôl heibio Llwyn Cadi am Eithinfynydd. Dafydd Jones a'i briod Annie Jones oedd yn byw yno wrth gwrs a Thecwyn y mab hynaf yr un oed â mi felly fe basiai awr yn gyflym yn Eithinfynydd, yn enwedig pan ddeuai'r *Meccano* i'r bwrdd! Mae gennyf gof hefyd am fam Dafydd Jones a fyddai yno'n achlysurol, sef Catrin Jones. Mae'n debyg i'm taid i (tad fy mam) fod yn hwsmon gyda Catrin Jones yn Eithinfynydd wedi iddi golli ei gŵr a'r plant yn ifanc iawn. Fe dreuliais lawer awr ddifyr yn Eithinfynydd yn ddiweddarach. Achlysur blynyddol oedd mynd yno i ginio ar ôl gwasanaeth diolchgarwch y bore yn Ainion ac yn ôl wedyn i de ar ôl bod ym Mheniel yn y prynhawn. Cofiaf fynd heibio i'r garej un flwyddyn i nôl ugain o *Craven A* i Dafydd Jones. Ni soniodd neb am y sigaréts amser cinio nac amser te a chyn oedfa'r hwyr ym Mheniel roedd Tecwyn a minnau wedi smocio'r cyfan! Does gen i fawr o gof am yr oedfa honno na beth ddigwyddodd i Tecwyn pan gofiodd Dafydd Jones am ei *Craven A*!

Roedd Dafydd Jones yn llawn triciau ac yn hoff iawn o gellwair. Roedd Richard Trow, Tŷ Mawr yno'n troi un tro ac meddai Dafydd Jones wrtho, gan geisio cynganeddu:

A little tricky tractor,
Trow Tŷ Mawr yn troi.

Yna fe orffennodd Dic hi:

Perhaps yn syth, perhaps yn gam
a thrwyn y tractor am y Llan.

Mae Annie Jones bellach yn weddw ac yn byw yn y Pandy a Thecwyn yn bostmon ym Machynlleth. Aeth tŷ Eithinfynydd hefyd i ddwylo Saeson.

Er mor felys y croeso rhaid gadael Eithinfynydd a throedio i lawr y ffordd i Gae-coch at y Gloddfa a throi i'r chwith am Dyddyn Llywarch. John Parri, hen lanc, oedd yn byw yno. Roedd gennym ni blant beth o ofn John Parri. Roedd yn dipyn o borthmon ac yn teithio gyda ni ar y trên plant ysgol ar brydiau, ar fusnes i Ffair Gorwen. Roedd yn ŵr mawr cydnerth a wisgai frethyn garw, côt uchaf a het gyda'r cantel wedi'i droi i lawr, pastwn hir yn ei law ac yn cerdded â'i wyneb am i waered, yn gynnil ei eiriau. Wedi dweud hynny, ni chlywais am neb a aeth ar ei ofyn yn dod oddi yno'n waglaw. Clywais hanesyn am ddwy ferch ifanc a aeth yno i gasglu arian at ryw achos da. Gyrrwyd y ddwy i eistedd wrth y tân tra aeth John Parri i chwilio am bres. Roedd Tyddyn Llywarch yn dywyll iawn a golau dydd yn cael ei gau allan gan lenni pygddu ac anferth o goeden *geranium*. Eisteddodd y ddwy ferch ifanc ond yn anffodus fe eisteddodd un ar y pot llaeth oedd wedi dod at y tân i dewychu cyn corddi, gyda chanlyniadau anffodus!

Rhaid gadael Tyddyn Llywarch a mynd ymlaen ar hyd yr hen ffordd am ychydig cyn troi i'r dde am Lety Cripil. William Evans a'i briod oedd yn byw yno. Roedd yntau'n ŵr cydnerth ond heb fod mor dal â'i gymydog ond yn ddigon garw ei olwg. Roedd tarw'n cael ei gadw yno at ddefnydd y gymdogaeth a llawer tro y bûm yn helpu twyso'r fuwch ar ei thaith garwriaethol. Cofiaf helpu'r gwas un tro i fynd â buwch at y tarw a chael fy ngyrru i'r cae wrth yr helm gan nad oedd y tarw yn 'lecio plant bach'. Mae'n debyg nad oedd y garwriaeth yn datblygu fel y dylai a rhaid oedd mynd â'r fuwch a'r tarw am ryw dro hyd 'lover's lane' i drio cynhyrfu pethau! Tybiais innau fod y gwas wedi mynd adre o'm blaen a thorrais i grio. Mae'n rhaid bod Mrs Evans wedi sylwi beth oedd yn digwydd a daeth â dwy grîm cracyr gydag ymenyn tew arnynt imi. Dyna'r cof cyntaf sydd gennyf am y bisgedi hynny ac rwyf yn hoff ohonynt byth. Mae'n debyg nad oedd hi'n rhyfeddod gweld Mrs Evans yn cerdded i Ddolgellau â basgedaid o fenyn ar un fraich a basgedaid o wyau ar y llall. Clywais iddi gerdded i'r Bermo un tro i werthu ei chynnyrch.

Dyma adael Llety Cripil am y tro a chroesi'r caeau am Bensylfania. Digon cymylog yw'r atgofion am breswylwyr y tri thŷ yma ar lan yr afon. Mae'n siŵr bod Pensylfania ar derfynau fy milltir sgwâr yn y blynyddoedd cynnar. Mae gennyf gof o Tom Williams a'i briod Gladys Williams (Dolhendre Isa ar ôl hynny) yn y tŷ agosaf i'r Llan mi gredaf. Roedd hen wraig yn un o'r ddau dŷ arall (mam Ted Rhydloyw tybed?). Bu Llew a Rosina Williams (Glasgoed yn ddiweddarach) yn byw yno hefyd ond nid yw'r cof yn ddigon pendant i fedru manylu.

Un gŵr a gofiaf yn dda ym Mhensylfania oedd Robert Jones (Boba) a symudodd yno i fyw o Alltygwine. Nid oedd Robert Jones yn alluog i wneud llawer o waith ond cofiaf amdano'n cerdded i Beniel i'r oedfaon a chan nad oedd yn gallu darllen rhyw lawer, ein gwaith ni oedd dangos i Boba pa emyn oedd i'w chanu. Fe eisteddai bob amser yn nhalcen y rhes y byddem ni hogiau ynddi a byddai'n sobor o selog, er mae'n siŵr nad oedd llawer o'r ddiwinyddiaeth yn aros yn ei gof. Gwell ganddo oedd ein gwylio ni'n trio tynnu llun y pregethwr neu wiriondeb tebyg! Mae tri bwthyn bach Pensylfania'n gartrefi penwythnos i estroniaid erbyn hyn.

Trown yn awr i fyny'r ffordd i gyfeiriad Dolgellau, heibio i'r Garreg Lyncu (carreg fawr yn nhrofa'r afon a llyn tro wrth ei sawdl), heibio i'r Nyrs Ucha gan basio giât Tŷ Mawr am y tro a throi i'r chwith dros y bompren a'r draws afon Dyfrdwy ac i Dal-y-bont, tyddyn sydd heb fod yn fawr. Gruffydd Roberts (Offi) a'i briod oedd yn byw yno, Mrs Roberts yn wreiddiol o ochrau Llwyngwril a hynny'n amlwg yn ei hacen a'i 'jiw-jiw'! Roedd Elin y ferch a'm chwaer Catrin yn ffrindiau mawr. Roedd Gruffydd Roberts yn dipyn o giamstar ar yr organ geg a dawnsio dawns y glocsen. Arferai 'Nhad fynd yno i dorri ar y lloie a rhyw fân swyddi eraill rŵan ac yn y man, a dôi adre ag anferth o faich o riwbob, fel polion plygu gwrych, dan ei gesail. Cofiaf fynd yno i gneifio ac i ddyrnu droeon. Rwy'n cofio helpu i gario ŷd o ddau gae sydd bellach dan goed. Roedd beudy a helm Tal-y-bont gryn bellter o'r tŷ yn ymyl Rhos Dylluan ac yn hynod o anhwylus.

Down yn ôl i'r ffordd a throi ein hwynebau tua'r Llan ond gan droi i'r chwith am Dŷ Mawr gyferbyn â Thal-y-bont. Fferm heb fod yn fawr yw hon eto, gyda Robert Hywel Edwards a'i briod Ruth (Dodo Ruth fel y mynnai i ni ei galw) yn arfer byw yno. Roeddynt yn ddau hynod o ffyddlon i'r achos ym Mheniel – ar yr ochr rhy ddifrifol efallai i ni blant. Cofiaf fod yn nosbarth Ysgol Sul R. H. Edwards a rhaid oedd i'r adnodau a ddysgem fod yn berffaith gywir cyn cael eu cofnodi ar lyfr cofnodion y dosbarth ond chwarae teg, mae'r adnodau a ddysgais yn y dyddiau cynnar hynny yn dal ar fy nghof hyd heddiw. Roedd Tŷ Mawr eto ar rota'r diwrnod cneifio a diwrnod dyrnu. Braidd yn brin o siwgr oedd pwdin reis Dodo Ruth serch hynny!

Ar ddolydd Tŷ Mawr y caem ni, y Peniel Rovers, gicio ffwtbol ac ymarfer at y Bragdy Cup. Mae'n debyg mai dyna'r unig gae gwastad o unrhyw faintioli yn y cwm. Aeth Tŷ Mawr yntau'n gartref i estroniaid.

Rhaid troi o Dŷ Mawr a rhodio i fyny llwybr y gloddfa ac yn ôl i'r hen ffordd – ar ôl cael lluchio tipyn o gerrig i ddyfroedd dyfnion lefelau'r hen chwarel. Erbyn hyn mae'r hen lefelau wedi eu llenwi ag ysbwriel ac mae Cyngor Dosbarth Meirionnydd wedi rhoi haen o bridd a hadau i guddio'r hagrwch.

Rhaid cadw i'r chwith ac wedi troedio rhyw ddau gan llath dyma gyrraedd Rhyd-sarn. Cofiaf Dafydd Williams (Marianog) a'i briod Margied Williams, y ddau'n tynnu ymlaen mewn dyddiau. Pen blaenor Peniel a gofalwr y capel oedd Dafydd Williams ac ef hefyd a ofalai fod y cloc yn cael ei weindio ac ar amser at oedfa'r Sul. Byddai'n mynd draw at fy modryb i'r Llys Crossing i gael yr amser cywir – mae'n rhaid bod mwy o goel ar gloc fy modryb na'r un arall! Cofiaf sefyll ar garreg drws tŷ fy modryb ddydd ei hangladd a thyrfa fawr yn canu y tu allan i Gapel Peniel a minnau wedi fy ngwefreiddio gan y dyblu ac ailddyblu.

Symudodd Margied Williams i fyw i'r Llan a threulio gweddill ei dyddiau yn y tŷ agosaf i'r Pwmp. Yn ffarmio Rhyd-sarn roedd ei mab Emrys Williams a'i briod Catherine Williams a ddaethai'n wraig ifanc o Faesywaun rhyw flwyddyn cyn fy ngeni i, mae'n debyg. Mae cysylltiad fy nheulu â theulu Rhyd-sarn wedi bod yn glòs iawn ar hyd y blynyddoedd, fy 'nhad ac Emrys Williams wedi cyd-fugeilio yn y Creigiau Bach ar hyd eu hoes a'r naill yn helpu'r llall gyda phob gorchwyl. Cefais innau'r fraint o ganlyn wrth eu sodlau o oedran cynnar iawn. Gwn fod sawl cyfrinach wedi ei rhannu rhyngddynt; nid oeddynt yn sylweddoli bod gan ful bach glustiau mawr!

Rwy'n falch iawn imi gael dod i adnabod y rhan helaeth o fynydd-dir y fro a dysgu enwau'r gwahanol fonciau a phantiau lle bellach does dim ond coed pîn yn cuddio cannoedd o erwau a oedd yn annwyl iawn i'r hen drigolion, ac enwau fel y Dre Fawn, Bryn Lloches, Bryn Gwartheg, Bryn Gaseg Goch ac eraill yn golygu dim i neb heddiw.

Nid yw'r gorlan a'r Tŷ Bach (Y Plas Coch) lle treuliodd y ddau oriau yn rhoi'r byd yn ei le, bellach yn ddim ond cysgod i lwynogod y fforestydd. Oedd, roedd y ddau yn deall ei gilydd i'r dim.

'Cer i roi lliain gwyn ar glawdd Bryn'rodyn' neu 'Cer i edrych oes yna liain gwyn ar glawdd y Bryn.' Dyna fyddai'r gorchymyn yn aml. Roedd hyn cyn dyddiau'r teliffon ond roedd arwydd y lliain gwyn yn siarad heb yngan yr un gair a'r naill fel y llall yn barod i ateb yr alwad.

Diolch fod ei briod Catrin Williams efo ni a'i gofal a'i chonsyrn amdanom yn ei gwneud yn wir frenhines y cwm. Roedd y croeso di-ffws a chartrefol ar ei haelwyd yn ei gwneud yn ail-fam inni i gyd. Mae'n anodd gadael croeso Rhyd-sarn hyd yn oed heddiw a gellid yn hawdd ymhelaethu ymhellach am lawer atgof – ond rhaid cychwyn eto ac i lawr â ni at Gapel Peniel (1895).

Y capel oedd both yr olwyn ac mae gennyf atgofion lu sy'n mynnu dod yn ôl i'r cof. Ar wahân i'r Ysgol Sul, roedd bri mawr ar y Band o' Hôp y dyddiau hynny a'r gweinidog, y Parchedig D. Rhys Thomas a Martin Jones, Rhydydrain yn dod atom i'n hyfforddi. Bu adeg pan oedd tua dau ddwsin ohonom, o'r rhai hynaf i'r rhai ieuengaf, yn hel at Beniel ymhell cyn amser dechrau'r Band o' Hôp i chwarae pêl gan amlaf a Mr Thomas a Martin Jones yn ymuno yn yr hwyl yn chwys domen yn aml. Roedd Martin Jones yn gerddor gwych a chôr plant Peniel dan ei arweiniad yn o beryg. Gŵr addfwyn iawn oedd Mr Thomas ac yn heddychwr mawr. Roedd yn loes fawr imi ei weld yn torri i grio ar ganol ei weddi amser rhyfel 1939-45. Martin Jones oedd y pen blaenor ac ef oedd yn gwrando ar ein hadnodau, llond sêt fawr ohonom. Byddai'r adnod wedi diflannu o'm cof yn aml cyn i'm tro i ddod a rhyw 'adnod ffug' yn mynnu dod yn ei lle megis 'Gwyn eu byd y llygoden a neidiodd dros y trap' neu 'Gwyn eu byd y sglodion ar yr aelwyd, can's eiddynt yw dechrau tân'! Eithriad fyddai hi i Martin Jones fod yn absennol ond weithiau âi i arwain rihyrsal i rai o gapeli eraill y fro a dyna falch fyddem o glywed Emrys Williams yn cyhoeddi, 'Wel gan nad ydi Martin Jones yma'r hen blant, mi gewch chi driws heno.' Ni chofiaf i mi glywed neb arall yn defnyddio'r gair 'triws', sef pardwn, ond Emrys Williams.

Mae llawer wedi newid o gwmpas Peniel. Aeth y stand laeth a'r spreiars lle'r arferem chwarae cuddio i wneud lle i ledu'r ffordd; aeth yr hen goeden ywen y cysgodem oddi tani ac a glywodd aml i stori garu hithau i'w thranc. Diolch fod y gymdeithas yn dal i ffynnu ac yn edrych yn llewyrchus i'r dyfodol, er gwaethaf pob rhwystr.

Rydym yn troi'n awr i fyny am adre ond cyn hynny'n cyrraedd Hendre Mawr. Roedd Gruffydd Jones yn dipyn o beiriannydd a bu'n gweithio gyda'r trydanydd Richard Edwards, Glynllifon ar un adeg. Gŵr dipyn bach yn fyr ei dymer ar adegau oedd Gruffydd Jones, os oedd pethau'n troi'n chwithig. Roedd tyrbein yn cynhyrchu trydan ar fuarth Hendre Mawr yn gynnar iawn, a ddaeth yn ei dro i oleuo Capel Peniel hefyd gan ddisodli'r lampau paraffîn. Fel y soniais eisoes, un o'n triciau ni, hogiau drwg, ar noson gymdeithasol megis noson cyfarfod bach oedd rhedeg i fyny at yr Hendre a gwthio tywarchen i geg y beipen ddŵr a oedd yn rhedeg i'r tyrbein a byddai hynny'n peri tywyllwch ym mhob man. Daeth y peiriant disel yn ei dro i ddisodli'r tyrbein ac yn ddiweddarach wrth gwrs olau a chynhesrwydd MANWEB.

Cyn gadael Hendre Mawr rhaid cyfeirio at Robert John (Robin Jac), mab Mrs Jones o'i phriodas gyntaf. Hen lanc oedd RJ, gŵr galluog dros ben a thipyn o gymeriad. Roedd RJ yn trin a thrafod hen geir ac ati, yn eu trwsio a'u hailwerthu a buarth Hendre Mawr yn aml iawn yn llawn o geir oedd yn cau cychwyn, gan beri tipyn o boendod i Gruffydd Jones ac ambell i ansoddair go lliwgar yn dod o'i enau. Yn ddiweddarach pan ddaeth y teledu i'w fri, llwyddodd RJ i feistroli'r ddyfais honno hefyd a deuai llawer o drigolion yr ardal i weld helyntion y byd a'r betws drwy lygaid teledu Robin Jac. Ond yn y byd rasio moto-beics y daeth RJ i amlygrwydd yn nyddiau ei ieuenctid, gan gario baner y Ddraig Goch i Ynys Manaw a mannau eraill a dod yn bur agos i'r brig yn aml. Rwy'n cofio'n dda ei weld yn ymarfer i lawr y Garneddwen ar gyflymdra dychrynllyd; rhaid cofio bod llawer iawn llai o drafnidiaeth ar hyd y ffyrdd y dyddiau hynny.

Gadawn Hendre Mawr yn awr a'i throi am adre at Mam. Gwraig addfwyn iawn oedd fy mam. Fe'i cofiaf yn suo ganu i gael fy mrawd bach i gysgu yn y parlwr a minnau'n eistedd ar y fainc wrth dalcen y bwrdd mawr ac yn aml byddwn innau'n mynd i gysgu â'm pen ar y bwrdd. Arwr fy mam oedd y Parchedig Glyn Thomas, Wrecsam a'i bregeth ar y testun 'Pan ddaeth y bore weithion, safodd yr Iesu ar y lan'. Gwn iddi adrodd y bregeth honno wrth y Parchedig Rhys Thomas ar ei gwely angau yn Ysbyty Maelor ac mae mwy o'r bregeth honno wedi aros yn fy nghof nag unrhyw bregeth arall a glywais ar ôl hynny.

Un o hen deuluoedd Cwm Peniel oedd Mam, merch Pen-rhiw. Diolch am imi gael cadw fy 'nhad hyd oedran teg, yntau'n fab Llwyngwern a'u hynafiaid wedi cartrefu yma ers cenedlaethau. Gŵr eiddil o gorff oedd fy 'nhad, yntau'n dioddef beunydd o anhwylder ar y frest, ond os oedd yn eiddil, roedd rhyw wytnwch ofnadwy'n perthyn iddo a rhyw freichiau fflat ond arbennig o gryfion ganddo. Crefftwr cefn gwlad ydoedd a chofiaf amdano'n gwneud basgedi bwydo gwartheg (tebyg i gwryglau), ysgubau bedw a ddefnyddid fel brwsh bras ac roedd ganddo lygad hefyd i ffeindio ffon gollen. Roedd fy 'nhad yn fugail wrth reddf a'i gyd-fugeiliaid yn ei filltir sgwâr yn cydnabod ei graffter ac yn ceisio'i farn yn aml.

Wel dyna chi wedi cael lled-adnabod pobl wyneb haul Cwm Peniel fy mhlentyndod. Rhaid croesi afon Dyfrdwy i'r ochr cil haul i ddod i adnabod gweddill y cwm.

Pa le gwell i ailgychwyn ein taith nag efo Taid a Nain yn Llys Arthur. Tyddyn bychan oedd hwnnw eto, gyda thir Pen-rhiw – hen gartref fy mam – yn canlyn y Llys. Tomos a Catrin Parry oedd y ddau, fy nain yn ail wraig i 'nhaid gan iddo golli ei wraig gyntaf pan oedd hi'n ifanc. Dynes ffeind, addfwyn oedd Nain, fel Mam, ond roedd Taid yn gymeriad go liwgar yn ei ddydd yn ôl yr hanes. Rwy'n cofio fel byddai Nain yn cuddio'r bocs bisgedi siocled (anrheg gan ei mab a oedd yn siopwr yn Llundain) yng nghanol y clytiau a'r dillad i'w trwsio yng ngwaelod yr hen sgrin wrth ochr y tân. Byddai'r bocs yn dod i'r golwg pan fyddai Taid o'r golwg!

Mae'n debyg bod cryn alw am wasanaeth Taid fel tipyn o ffariar gwlad, i dynnu lloi, ŵyn ac ati. Canlyn yr injan ddyrnu yn ystod ei thymor a gweithio yma ac acw oedd hanes Taid. Roedd ganddo ddiddordeb arbennig mewn clybiau troi ac roedd galw am ei wasanaeth yn y maes hwnnw. Cofiaf fynd â defaid i'r mynydd gyda Taid i lethrau'r Aran a chofiaf iddi ddod i fwrw cawodydd cenllysg ofnadwy a Taid yn rhwymo ei gadach poced mawr coch am fy nghlustiau.

Rwy'n cofio'r diwrnod prisio yn y Llys ar ôl i Nain farw

a'r tenantiaid newydd, John a Lora Evans, yn symud i mewn gan godi teulu o chwech o blant.

Yn Llys Crossing yr ochr arall i'r rheilffordd roedd fy modryb Bet ac Yncl Bill yn byw. Roedd te ar y bwrdd yn fy nisgwyl o'r ysgol bob nos yn y Crossing. Agor a chau llidiardau yn groes i'r lein oedd gwaith fy modryb ac Yncl Bill hefyd yn gweithio fel *signalman* gyda'r GWR. Roedd y ddau yn ffefrynnau mawr gen i a'm dyled yn fawr iddynt am fod yn gefn mewn dyddiau anodd.

Rhaid troi o'r Crossing nawr a mynd i fyny i gyfeiriad yr Aran a chyrraedd Dwrnudon, cartref Francis a Magdalen Roberts. Roedd y tŷ mewn lle digon oer ar fin yr afon a'r barrug yn loetran yno drwy'r dydd yn y gaeaf. Francis Roberts ddeuai atom i ladd mochyn a difyr iawn oedd ei sgwrs wrth y tân fin nos y noson ganlynol wedi iddo ddod draw i dorri'r mochyn. Roedd blas y stecen ffres yn syth o'r badell ffrio yn fendigedig!

I fyny'r rhiw o Dwrnudon ac at Ros Ucha wedyn. Mrs Wilson, gwraig weddw, oedd yn byw yma, wedi claddu ei gŵr yn Llundain mae'n debyg. Tŷ bychan iawn oedd Rhos a thwr o ieir ar garreg y drws. Bu Mrs Wilson yn wraig osgeiddig iawn yn ei dydd mae'n siŵr a hefyd bu'n gantores wych. Fe'i cofiaf i hi'n dal i gystadlu yng nghyfarfod Peniel ond roedd ei llais mezzo soprano wedi gweld dyddiau gwell erbyn hynny. Led cae yn nes i'r Llan roedd Rhos Dylluan. Fel y soniais ar y dechrau, Margied Jones a'i mab John oedd yn byw ar y tyddyn bach hwnnw. Roedd John fel ei fam ag atal ar ei leferydd a diffyg hefyd ar ei glyw, ond roedd y ddau yn ffyddlon iawn yn y dosbarthiadau Ysgol Sul a phob oedfa, er mai ychydig iawn a glywsent.

Rhaid gadael y Rhos a mynd yn ôl i ben rhiw Dwrnudon, cyn troi am yr Aran ac i Gwm Onnen. Byddai twr o wyddau bob amser yng Nghwm Onnen a'r hen glagwydd yn codi dipyn o ofn. Caed croeso eto gan y Tomosiaid – Gwynli a

Glanli a'u chwaer Dili. Symudodd y chwaer i'r Sarnau ar ôl priodi a daeth Gwynli a'i briod Mai o Lanerfyl yn benteulu Cwm Onnen. Ar achlysuron (i hel arian er enghraifft) y byddem yn mynd i Gwm Onnen yn y dyddiau hynny gan nad oeddem yn mynd yno i gneifio a dyrnu, ond yn nes ymlaen daeth Cwm Onnen i'r rota honno hefyd.

Yna rhaid croesi o Gwm Onnen drwy lwybr y Ceunant drwy'r loc i Lechwedd Alchen. Caed croeso mawr yno hefyd ond roedd cŵn go ffyrnig yn llechu wrth ddrws y tŷ croes. Cofiaf Ifan Jones yn hynafgwr yn eistedd ar y sgrin wrth y tân a rhaid fyddai eistedd yn ei ymyl. Gafaelai yn fy mhengliniau noeth gan ddweud, 'Mae gen ti bengliniau iawn fachgen. Gwna baned iddo Meri.' Y ferch oedd Dodo Meri ac roedd hi'n gwc ardderchog. Roedd rhyw flas arbennig ar bwdin cneifio Dodo Meri a minnau'n cael hel y ddysgl cyn mynd adre min nos. Cofiaf y llun mawr ar y mur uwchben y bwrdd gwyn – llun Noa a'r golomen â deilen yn ei phig.

Deuai Robert, y mab, i'r tŷ wrth glywed ogle paned. 'Welest ti 'run llwynog, Jac?' fyddai ei gwestiwn. Gŵr cydnerth iawn oedd Robert Jones. Carai fy atgoffa o hyd am ddiwrnod cneifio yn y Llys. Mae'n debyg mai fi oedd pia rhyw ddafedyn du oedd yno. Roedd hwnnw wedi dod i fainc Robert ac er bod Robert yn gneifiwr da iawn, roedd weithiau'n bur hoff o dorri darn o gig hefyd a'r hen gog bach wedi sylwi hynny, a minnau'n rhyw grwt pedair oed wedi dweud, 'Paid â thorri dim ond ei wlân o Robert.'

Croesi o Lechwedd Alchen heibio Pen-rhiw ac i Ben-ffridd wedyn. Yn aml byddai rhywun yn cnocio'r drws agored heb gael ateb, ond yna clywem sŵn chwislo o gyfeiriad y beudy a Jane Evans yn dod gyda chap stabl, cap dyn, am ei phen, ffedog fras a bwced yn ei llaw, wedi bod ynghylch ei gorchwylion gyda'r gwartheg a'r lloi. Wedi croesi i'r tŷ caem glyff o gacen gyrens wrth syllu ar y darlun o 'Daith y Pererin' yn ei ffrâm gnotiog a 'Chewri Pulpudau y Bedyddwyr' yr ochr arall.

Postmon oedd ei phriod Robert Ellis a gwnâi rhyw orchwylion yma ac acw hefyd. Roedd yn fedyddiwr selog yng Nghapel Ainon ac roedd yn dipyn o lenor a hanesydd lleol ac yn berchen ar gof eithriadol.

Rhaid croesi heibio beudy Penyffridd a chyrraedd Cefn Rhos – tŷ bychan gydag ychydig o aceri o dir, un arall o hen dai unnos y Garneddwen ar un adeg. Cafodd dwy chwaer fach eu geni yng Nghefn Rhos ym mis Mawrth 1905 a bu Taid farw'r ochr arall i'r cwm yr un noson. Annie Jones, Eithinfynydd oedd un o'r efeilliaid hynny. Tegid a Myfanwy Evans (Dodo Nanw) a gofiaf i yn byw yno serch hynny. Bu Tegid yn was ym Mhant Gwyn, cyn symud i ffermio Coed y Pry ond bellach mae wedi ymddeol i fyw yn y Pandy.

Awn i lawr yn ôl i'r hen ffordd ac at Danyffordd a'i ychydig aceri o dir. John a Jane Roberts oedd yn byw yno. Roedd John Roberts (Dono i'w gyfoedion) yn un o deulu mawr o dri ar ddeg o blant. *Lengthman* gyda'r Cyngor Sir oedd John, gweithiwr gonest ac un a gadwai ei libart yn daclus, gyda phob gwter a ffos yn gweithio ac ochrau'r cloddiau wedi eu tocio'n daclus, mor wahanol i bethau yn yr oes fecanyddol hon.

Roedd yn gas gan Mam glywed neb yn galw 'Nhad yn Hwlyn a chofiaf gerdded adre o'r ysgol a John Roberts yn tocio ochr ffordd yr Hendre. Roedd 'Nhad yn cwyno ac yn ei wely ar y pryd ac mae'n siŵr fod John Roberts yn gwybod hynny. Pan ddeuthum i'w ymyl cyfarchodd fi, 'Wel John Bach, sut ydech chi 'machgen i? Sut mae'r hen Hwlyn? Cofiwch fi ato.' Synnwyd fi o glywed John Roberts yn dweud 'chi' wrtha i, blentyn ysgol, a galw 'Nhad yn Hwlyn! Ond wrth gwrs, roedd ganddo berffaith hawl i alw fy 'nhad felly a'm tad yn ei alw yntau yn 'Dono' a'r ddau wedi cyd-oesi a chyd-fyw cyhyd – ond doedd wiw i ni blant alw ein hynafiaid wrth eu henwau bedydd. Teimlais ryw loes yn fy mron ar ddydd angladd John Roberts wrth glywed y gweinidog yn cyfeirio ato fel Dono, a chlywn lais Mam yn yr isymwybod yn dweud, 'Rhowch ei enw iawn i'r dyn.'

Symudwn ymlaen yn awr o Danyffordd ac at Humphrey Roberts i Dy'n Cefn. Dyma un arall o hen dai unnos y Garneddwen a'i ychydig aceri o dir. Hen lanc oedd Wmffre Roberts a chymeriad go lliwgar yn ei ddydd.

Awn yn ein blaenau a chroesi'r ffriddoedd i ochrau'r Aran ac i Fryn Amlwg. Meredydd Roberts a'i briod oedd yn byw yno. Roedd Dodo Bryn Amlwg yn dod i helpu Mam gyda'i gorchwylion. Ati hi yr awn i gael fy nghinio bob dydd o Ysgol y Pandy ar ôl iddynt symud i fyw i Lan-gors ger y Felin. Arferai Meredydd Roberts ddod i helpu adeg y cynhaeaf hefyd ac fe adroddai dipyn o straeon celwydd golau. Erbyn hyn mae Bryn Amlwg yn furddun.

Croeswn yn ôl eto, heibio Bryn Glas a thros y ffordd i lawr at Rydydrain. Tŷ rheilffordd oedd hwn, tŷ brics coch, a'r hen dŷ wedi ei droi'n feudy i'r ddwy fuwch. Gwarchod y clwydi oedd gwaith Mrs Jones, agor a chau'r giatiau i'r gyrroedd defaid groesi'r lein i'r mynydd. Roedd ei phriod Martin Jones yn *signalman* yng nghyffordd y Garneddwen. Soniais eisoes am waith Martin Jones ym Mheniel. Bûm yn ei ddosbarth Ysgol Sul am flynyddoedd a byddai wedi paratoi'r wers yn drwyadl. Cofiaf gerdded gyda Martin Jones i lawr o Rhyd-sarn rhyw noson yn y gaeaf pan arhosodd a gofyn i mi, 'Wnei di gymwynas â fi John bach?'

'Gwnaf siŵr iawn, Martin Jones.'

'Wnei di ddechrau'r seiat nos Fercher nesaf?'

Roedd dechrau'r seiat yn golygu darllen pennod, ledio emyn a mynd i weddi gyhoeddus o'r frest. Nid oeddwn ond rhyw un ar bymtheg oed ac os gweddïais erioed, fe wnes yn ystod yr wythnos honno – gweddïo am unrhyw esgus i beidio gorfod mynd i'r seiat, am ddolur gwddf, dolur bol neu unrhyw beth, ond mynd fu raid. Ni chofiaf ddim am y darllen na'r ledio emyn ond cofiaf blygu wrth yr allor a dechrau 'Ein Tad yr hwn wyt yn y Nefoedd'. Aeth y weddi yr oeddwn wedi ei pharatoi yn fy meddwl ac wedi ei dweud ganwaith yn ystod yr wythnos ar ei hadain ac aeth fy ngenau'n fud a'm gwddf yn sych; teimlwn chwys oer ar fy nhalcen. Nis gwn pa hyd y bûm felly ond yn ddiarwybod i mi, roedd y Parchedig Rhys Thomas wedi llithro o ben pellaf y sêt i fy ymyl a theimlais ei law dyner yn gafael yn fy ysgwydd, a daeth rhyw nerth o rywle i barhau hyd at yr Amen.

Roedd Martin Jones yn fardd reit dda ac yn delynegwr gwych yn ogystal â cherddor. Cymeriad llawen oedd Catrin Jones, ei briod, yn ferch Rhyd-sarn a'm tad a hithau'n ffrindiau mawr, wedi cyd-dyfu ac yn hoff iawn o dynnu coes ei gilydd. Byddai'r ddau yn cael sgwrs bob amser pan fyddai hi'n cerdded i lawr y lein a'm tad gerllaw.

Cofiaf 'Nhad yn llyfnu efo'r Ffergi bach yn ymyl y lein a hithau'n cerdded i lawr. Rhaid oedd cael sgwrs ond gan fod 'Nhad yn anghyfarwydd â'r tractor newydd, roedd yn methu ei stopio. 'Gwaedda "We" arno Howell.'

' "We" ddiawl! Stopith o ddim!'

Fe arhosodd y ceffyl llwyd yn y man a mawr fu'r hwyl a'r tynnu coes.

Mi fentrwn ni hi i fyny'r lein o Ryd-y-drain i Bant Gwyn at Tom Jones a'i briod Ethel – Tom yn ŵr y mae Peniel a Llanuwchllyn ac yn wir Gymru gyfan bellach â dyled fawr iddo. Roedd Tom Jones yn un o'r rhai a gafodd y weledigaeth o godi Hufenfa Meirion ger y Ronwydd a fu'n gaffaeliad mawr i amaethyddiaeth yr ardal ar ôl caledi'r 1930au. Agorwyd y ffatri laeth ym 1940. Roedd Tom Jones yn ŵr busnes heb ei ail ac yn eang ei wybodaeth. Bu treulio blynyddoedd yn y dosbarth Ysgol Sul yn ei gwmni yn brofiad i'w drysori.

Mae'r cwm yn culhau ar ôl pasio Pant Gwyn. Arferid galw'r darn hwnnw yn Cwm y Gwg am ryw reswm. Mae'r ffermydd ar ochr chwith y cwm a'r mynydd yn codi'n fwy serth yma ond yn fuan ar ôl gadael Pant Gwyn fe ddown at Ddrws Nant ac yno mae Ifan a Bessie Edwards. Mae Ifan Edwards yn un o hen frid y cwm ac yn gallu adrodd llawer hanesyn difyr am yr hen drigolion. Mae'r ddau wedi ymddeol bellach ac yn byw yn y Pandy ond yn dal â chysylltiad clòs â Pheniel ac mae Ifan Edwards yn athro Ysgol Sul ar y dosbarth hynaf ers blynyddoedd lawer.

Nid nepell o Ddrws Nant down at Bant Clyd. Mae Mrs Edwards yn wraig weddw ac yn amaethu gyda chymorth ei meibion. Mae hi'n gantores dda ac yn gaffaeliad mawr i gôr Peniel.

Ychydig ymhellach i fyny'r cwm eto deuwn at Alltygwine. Mae gennyf frith gof am Robert Jones (Boba Pensylfania wedyn) yn byw yma, gyda'i rieni mae'n debyg, ond Tomos Huw Gruffydd a'i briod yw'r preswylwyr a gofiaf i orau yn Alltygwine. Yn ddiweddarach cefais gyfle i ddod i adnabod Tomos Huw Gruffydd yn well wedi iddo symud i'r Ronwydd a dod yn gymydog i ni ar y mynydd. Roedd hi'n bleser ei weld yn dod i nôl y defaid gan mor ddifyr ei sgwrs. Bu'n gweithio fel *plate-layer* ar y lein am flynyddoedd tra oedd yn Alltygwine.

A dyna ni wedi cyrraedd terfyn y filltir sgwâr. Gellid dweud fod Cwm Peniel yn ymestyn yn ddaearyddol hyd derfyn y ddau blwyf – Llanuwchllyn a Llanfachreth – ond dyna'n bras y trigolion a adwaenwn i yn fy mhlentyndod cynnar.

Mae llawer o newid wedi bod ers y dyddiau hynny ac yn arwynebedd yr hen gwm hefyd, gyda llawer ohono wedi ei guddio gan goed pîn bellach. Daeth bwyell Beeching a chaewyd y rheilffordd a deithiai hyd waelod y cwm gyda'r hen injan stêm yn pwffian â'i llwyth trwm i fyny'r goriwaered am Bont Pant Gwyn. Mae llawer o'r bythynnod yn fythynnod penwythnos a'u perchenogion yn estroniaid llwyr ond mae cnewyllyn o hen frid y tir yn dal i aros a'r Ysgol Sul yn dal yn llewyrchus.

Er gwaethaf pob newid, gallaf gytuno ag Eifion Wyn:

Mi garaf hen gwm fy mebyd
Tra medraf i garu dim,
Mae ef a'i lechweddau'n myned
Bob dydd yn fwy annwyl im.

Pennod 12 – Y Rheilffordd o Lanuwchllyn i'r Garneddwen

Does dim dwywaith nad oedd agor y lein o Riwabon i'r Bermo yn un o ddigwyddiadau mwyaf y bedwaredd ganrif ar bymtheg yn y parthau hyn. Yn sicr, bu agor y lein o Lanuwchllyn drwy Gwm Peniel yn gyfle i drigolion yr ardal ledu eu gorwelion.

Mae'n siŵr fod cymdeithas Cwm Peniel yn un glòs iawn bryd hynny a'r trigolion yn cerdded o aelwyd i aelwyd efallai. Roedd mynd i'r Bala, a Dolgellau hefyd o bosib, yn daith hir, gan gofio mai merlen neu ferlen a thrap oedd trafnidiaeth yr oes.

Rhedai'r lein ar hyd gwaelod y cwm gan chwarae rhan amlwg a phwysig ym mywydau'r trigolion a hwyluso llawer ar eu gwaith. Mae'n siŵr fod llai o dorri mawn gan fod glo yn dod mewn tryciau i'r stesion a'r un modd gyda chalch a gwrtaith; gynt bodlonai pawb ar dail buarth yn unig.

O gofio nad oedd na pheiriant gyriant pedair olwyn na Jac Codi Baw y dyddiau hynny, roedd codi'r lein yn dasg enfawr, yn gofyn am golli llawer o chwys a defnyddio nerth bôn braich. Clywais 'nhaid yn sôn fod un o'r Gwyddelod a ddaeth i weithio ar y lein wedi cael ei ladd wrth ymladd ac iddo gael ei gladdu ar dop y cytin. I mi, mae hi'n stori eitha credadwy gan fod darn o dir wedi suddo a siâp bedd i'w weld hyd heddiw wrth ffens Bryn Gwyn Ucha.

Yn ôl y sôn, ym 1868 aeth y trên cyntaf drwy orsaf Llanuwchllyn ac fe gymerodd ugain mlynedd i adeiladu'r lein o Riwabon i Ddolgellau. Roedd hwn yn gyfnod arbennig o bwysig a'i gwnâi'n haws o lawer i symud anifeiliaid i farchnadoedd pell megis Barnet yn Lloegr.

Dyma ychydig o fy atgofion personol i am y darn lein o Lanuwchllyn i ben y Garneddwen. Gan imi deithio ar y trên yn ddi-fwlch, nos a bore, am tua deg mlynedd i Ysgol y Pandy ac yna i Ysgol Tŷ Tan Domen, mae'r atgofion o ddyddiau plentyndod yn dal yn fyw iawn. Er enghraifft, cofiaf yn dda am y sylw mawr a gefais ar fy niwrnod cyntaf gan un o'r genethod mawr a deithiai o'r Garneddwen i Ysgol Merched y Bala. Y ferch honno oedd Luned Cae Coch, fy nghariad cyntaf mae'n siŵr.

Beth am inni fynd yn ôl mewn amser a mynd ar daith o'r Llan i'r Garneddwen? Gallai honno fod yn daith ddigon pleserus. Byddai cloch yr ysgol yn canu am chwarter wedi tri a ninnau'n cael chwarter awr i gerdded o Ysgol y Pandy i'r stesion.

Ceid dau blatfform gyda rheiliau dwbl fel y gallai dau drên basio'i gilydd. Roedd yn rhaid troi ar y chwith ar ôl mynd drwy'r giât a'r adeilad cyntaf a welid oedd y WAITING ROOM. Oddi yno roedd drws yn arwain i'r LADIES ROOM. Roedd hon yn ystafell *out of bounds* i ni'r hogiau ac ni chefais wybod hyd heddiw gyfrinachau'r ystafell ddirgel honno. Mewn rhan o'r adeilad hefyd roedd y BOOKING OFFICE – ystafell y gorsaf feistr a'r ffenest fach lle gellid archebu tocyn teithio. Dwy fainc ddu a lle tân bach oedd y WAITING ROOM. Y lle nesaf ar y chwith oedd y GENTLEMEN ac yn hongian ar y wal yno roedd pedwar bwced coch a'r gair FIRE arnynt. Pwy tybed oedd i fod i lenwi'r rhain?

Yr adeilad nesaf oedd y SIGNAL BOX. Hwnnw'n ddiau oedd yr adeilad pwysicaf ac ar achlysuron prin iawn y caem weld y tu mewn. Cofiaf yr holl lifars gloyw a'r siars nad oedd neb i fod i'w cyffwrdd heb fod â chlwt glân yn ei law.

Y peth nesaf oedd y tanc dŵr ar goesau. Cawsom lawer awr ddifyr yn gwylio'r trwnc lledr hir yn cael ei dynnu i grombil yr injan stêm i lenwi'r tanc â dŵr i gael ager ar gyfer y daith.

Ar ôl gadael y platfform, ar y chwith roedd seidins a

thryciau wedi cael eu gadael yn llawn calch neu lo a thryciau gwag i gario gwartheg neu ddefaid. Roedd yno hefyd siediau i gadw blodiau a gwrteithiau a chorlannau ar gyfer anifeiliaid. Difyr oedd gweld ambell yrr o wartheg yn cael eu llwytho yma – ac yn achlysurol, ambell i darw digon anystywallt. Ar ddiwrnod sêl ddefaid byddai gyrroedd o ddefaid ac ŵyn yn cael eu cerdded i'r stesion i'w trycio i lawr am Gorwen a dyffryn Dyfrdwy.

Ar ochr ffordd y seidins roedd clorian mawr a chwt bach lle byddai Penygeulan a Bro Aran yn pwyso eu llwythi. Gwelid ambell ffermwr â'i drol a'i geffyl yn nôl llwyth o galch oddi yno. Ym mhen isa'r platfform roedd croesfan i fynd i'r platfform yr ochr bellaf. Yno roedd cwt y lampau, ystafell aros a thanc dŵr arall ac ambell i goeden pren bocs.

Dychmygwch groesi i ochr Pantyceubren a gweld y signal i lawr yn dangos fod y trên o'r Bala ar fin cyrraedd yr orsaf. Cyrhaeddodd trên o gyfeiriad Dolgellau hefyd felly dyma ni yn barod i gychwyn. Mae'r *signal man* a'r taniwr wedi cyfnewid agoriad, pob drws wedi ei gau, y giard wedi chwythu ei chwiban a chwifio'r faner werdd. Dyma gychwyn yn urddasol.

Ar y chwith yn ymyl y platfform roedd cwt y gweithwyr, yna gellid croesi pont afon Twrch a gweld cae moch Penygeulan – lle diddorol iawn i ni blant. Erbyn heddiw saif tŷ nobl yma ac nid oes sôn am y cytiau moch a'r gwichian. Rhwng y lein a ffens y cae caed gerddi taclus a rhywun yno'n aml yn gwneud rhyw orchwyl. Fe gyfrannodd y gerddi hyn lawer at gynhaliaeth teuluoedd y Pandy ac fe enillwyd sawl cerdyn coch am gynnyrch y rhandiroedd.

Ar y llaw dde mae cefn rhes tai Station Road ac wrth basio gwelem rywun mewn ffenest llofft, yn rhoi dillad ar y lein, yn malu priciau neu dacluso'r ardd. A dyma gyrraedd pont y Pandy gyda John Penygeulan ar gefn ei ferlen yn amlach na pheidio slawer dydd. I Lan-ffrwd yr âi pobl â'u batris gwlyb i gael eu tsharjio gan Bob Ellis.

Wedi troi eto i'r chwith gwelir ffos y ffatri yn llifo ar hyd ochr y ffordd o flaen tŷ Penygeulan. Llifai heibio i'r beudy, drwy waelod y weirglodd ac o dan y lein wrth y bont gan gario ymlaen dan y coed rhododendron ger Bronwylfa, dan y ffordd heibio Bronnant ar ei thaith i Glan-dŵr. Bu hon yn forwyn dda i ddiwydiant ardal y Pandy ddyddiau a fu. Er bod llawer o sbwriel a charthion yn cael ei daflu iddi, ni chlywais erioed am neb yn sâl o'i herwydd.

'Rôl croesi'r bont mae Weirglodd Penygeulan ar y chwith a gwelid rhes o erddi twt eto yn gyfochrog â'r lein. Wedi tynnu ymlaen at Bont y Garth a mynd drwy'r cytin saif Ty'n-Rhos ar y dde nid nepell o'r lein ble gwelid Mynor yn gwthio'r gasgen laeth yn y ferfa.

Ar y chwith wedyn mae mawnog Cilgellan a mawnog Cefn Gwyn. Roedd rhywbeth diddorol yn digwydd yno beunydd. Cri'r gylfinir efallai neu geffylau'n cael ras at y trên, buwch newydd eni llo neu ddafad ag oen. Peth digon cyffredin oedd gweld Dwalad Jones (Dala), Cefn Gwyn yn agor pwt o ffos â sach am ei ganol. 'Myn gafr!' oedd un o'i hoff ddywediadau.

Byddem yn pasio cwt arall o eiddo'r gweithwyr ac ar y dde wedyn mae Tal-y-bont. Coffa da gweld Gruffydd Roberts yn chwarae'r organ geg ac yn dawnsio ar ben y bwrdd. Ymlaen wedyn heibio i Fwlan y Llys ac at Lys Arthur ger Llys Halt lle'r oedd Taid a Nain yn byw. Byddai'r trên yn aros yno i ddisgyn neu godi teithwyr. Ar y dde roedd Llys Crossing a'r groesfan gyda'i gatiau cloëdig. Fy modryb Bet oedd ceidwad y gatiau ac Uncle Bill yn *signal man*.

Ar y chwith mae Cae Bach y Llys. Hwn oedd ein Wembley ni! Do, fe sgoriodd y Billy Wright penfelyn a Trevor Ford aml i gôl fythgofiadwy dros eu tîm a thros eu gwlad ar y cae hwn.

Dros y bont fach sy'n croesi afon Dwrnudon pwffiai'r

trên bach ymlaen am y Bont Haearn a thrwy gytin Bryn Gwyn at bont Gwerngrug a groesai afon Dyfrdwy. Roedd cwt gweithwyr arall ger croesfan Gwerngrug ac yna groesfan Llwyngwern.

Cofiaf yr arwyddion ar y giatiau – *Trespassers will be prosecuted. Maximum fine £20.* Ar ôl pasio croesfan Llwyngwern roedd hysbysfwrdd mawr ac arno mewn llythrennau breision y gair WHISTLE. Rhybudd mae'n debyg i rywrai oedd yn debygol o fod yn croesi'r lein. Yn Nôl Isa gwelwn fod cwrs afon Dyfrdwy wedi ei newid. Mae'n debyg fod hynny'n haws ac yn rhatach na chodi dwy bont.

Aem dros gylfert yn Nôl Ucha a gariai ddŵr o'r ffridd. Sefais yn y dŵr o dan y gylfert lawer gwaith i glywed y trên yn taranu uwchben. Roedd, ac y mae o hyd, bibonwy'n hongian o nenfwd y gylfert ac erbyn hyn mae ar restr henebion. Ar gyfer y Ddôl hefyd mae *Distant Signal*, sef polyn uchel ac ysgol haearn i allu dringo i roi lamp ar ben y polyn. Mae cwt ffôn ar ochr y lein ger Blaen-rhos ac yna mae'n rhaid croesi afon Dyfrdwy eto cyn mynd ymlaen at Rydydrain a chroesfan gloëdig arall dan ofal Catrin Jones. Gyrroedd defaid oedd yn defnyddio'r groesfan hon yn bennaf.

Ar y chwith mae nyrs Pant Gwyn. Cofiaf goelcerth go fawr yno unwaith wedi i wreichion o'r trên gynnau tân. Mae cors Pant Gwyn ar y dde a chroesfan at Feudy'r Parc. Arafai'r trên yma wrth gyrraedd Garneddwen Holt lle'r oedd dau gwt aros digon di-nod, un o boptu'r lein ddwbl a bocs signal lle teyrnasai Martin Jones. Dyma ŵr a roddodd wasanaeth amhrisiadwy i Gwm Peniel.

Ychydig lathenni ymhellach roedd pont Pantgwyn a phen y Garneddwen. Byddai angen tipyn llai o stêm o hynny ymlaen i deithio i lawr am Ddolgellau a'r Bermo.

Roedd arogl mwg trên o'r Garneddwen yn arwydd sicr o law. Os mai sŵn chwiban y trên yn cychwyn o Langywer oedd i'w chlywed roedd gobaith o dywydd braf a'r gwynt o'r dwyrain.

Mae gennyf atgofion difyr iawn am y cyfnod hwnnw. Roedd hi'n gyfnod rhyfel ac i'r ychydig a oedd yn berchen car, roedd dogni ar betrol. O ganlyniad roedd y trenau'n llawn ac ugeiniau o filwyr, yn fechgyn a merched, un ai'n dod adre am seibiant neu'n mynd yn ôl i faes y gad. Yn aml byddai coridorau'r trên yn llawn paciau. Cofiaf *kit bag* y bechgyn a'r helmedau haearn gyda'r rhwyd drostynt. Gwthiem ninnau drwy eu canol gyda bag ysgol dros un ysgwydd a'r gas-masg dros y llall.

Onid yw pethau wedi newid? Cofiaf ei bod hi'n dywyll arnom yn cychwyn o'r tŷ i ddal y trên am 8.15. Roedd gweithwyr yr orsaf yn hynod ofalus ohonom gan wneud yn siŵr ein bod yn ddiogel. Tom Edwards, Neuadd Wen oedd y gorsaf-feistr ar y pryd (taid Ann, Llywela a Mary Post). Cofiaf ei iwnifform urddasol – siwt ddu, het galed a brêd melyn ar lewys y gôt ac ar big y cap. Roedd y botymau melyn yn sgleinio a'r llythrennau *GWR* ar bob un. Y *Great Western Railway* oedd cwmni'r rheilffordd wrth gwrs. Yn ddiweddarach daeth I. D. Evans, Ivy House yn orsaf feistr. Un arall gofalus iawn oedd Bert Rowlands, Stryd y Llan a oedd yn un o'r *signal men*. Ffefryn mawr arall oedd Hywel William; Hywi Hyw oeddem ni'n ei alw.

Roedd trên arbennig yn cario plant adre o ysgolion y Bala. Dim ond un cerbyd oedd ar y trên bach hwnnw a gallai'r anturiaethau a fu arno hawlio pennod iddynt eu hunain. Fe ddysgwyd llawer am ddirgelion bywyd ar y trên bach hwnnw – ond stori arall yw honno!

Ar ôl y rhyfel, cofiaf fel y byddai'r lampau Tili'n cael eu gadael yn y gwahanol Halts. Deuai'r trên pedwar â'r lampau i fyny o'r Llan a'u gadael i oleuo platfform y Llys; yna âi'r trên naw y nos â nhw'n ôl. Er bod y lle mewn tywyllwch roedd pethau rhyfedd yn digwydd yn yr Halt. Cofiaf griw ohonom ni hogiau yn mynd yno i ymarfer cydadrodd at Gyfarfod Peniel – 'Y Fantell Fraith' oedd y darn. Gallai'r Halt fod yn guddfan slei i gariadon hefyd.

Roedd Llys Crossing, cartre fy modryb ac ewythr, yn ganolfan gymdeithasol i'r cwm a phawb yn galw heibio. Deuai ffermwyr y cwm â'u hwyau yno a chasglai fan y ffatri hwy yn wythnosol. Pan ddaeth prynu bara yn ffasiynol byddai bwrdd y Crossing yn llawn ddwywaith yr wythnos. Rhoddai hyn gyfle i gymdeithasu a rhoi'r byd yn ei le. Roedd cyfrifoldeb edrych ar ôl y gatiau yn waith digon caeth gan fod cryn dipyn o deithio drwodd ac ambell ymwelydd a rhai o'r ffermydd yn dueddol o aros hyd yr oriau mân cyn cychwyn adre.

Oherwydd eu gwaith, roedd y ddau yn adnabod staff y trenau'n dda a gwn fod dipyn o fasnachu'n mynd ymlaen – ar y farchnad ddu fel petai. Pan oedd dogni bwyd, gallai modryb gael dipyn o wyau ac ymenyn ac ambell i hen iâr o ffermydd y cwm. Câi hithau dipyn o lo wedi ei daflu i lawr i'r drws cefn o grombil storfa lo yr injan stêm.

Roedd criw o ryw bump neu chwech o weithwyr cynnal a chadw ar y lein, sef y *plate layers* neu'r giang. Y rhai cyntaf a gofiaf yw Edward Roberts, Tŷ Isa; Tomos Huw Griffiths, Alltygwine; Fred Selleck o Ryd-y-main; Ifan Huws, Garth Goch; a Charlie Jones, Trem y Garth yn gangar arnynt. Byddai'r gangar yn cerdded y 'length' o Ddrws y Nant i gyffordd y Bala â'i ordd fach ar ei ysgwydd. Gwnâi'n siŵr fod popeth yn iawn gan guro ambell i flocyn pren oedd wedi llithro allan yn ôl i ddal y rheiliau'n ddiogel yn eu lle.

Weithiau byddai'r uwch swyddog John Jones o'r Bala hefyd yn cerdded; roedd arnom dipyn o ofn cael ein dal yn cerdded y lein ganddo fo. Yn achlysurol hefyd deuai rhai o benaethiaid y cwmni heibio yn eu trên arbennig eu hunain; y rhain oedd *VIP's* y cwmni a cherbyd moethus iawn ganddynt.

Criw diweddarach oedd William Jones, Heol Aran; John Evans, Coed y Lôn; Maldwyn Williams, Ael-y-bryn; a Hywel Jones, y Lôn (Hyw yw'r unig un sydd ar ôl bellach); William Roberts, y Garn oedd eu gangar nhw. Roedd y criw wedi deall fod William y Garn yn ŵr ofnus iawn. Un dydd daliodd rhywun hen fwch gafr mawr yng ngheunant Llwyngwern a'i gau yng nghwt y gweithwyr, gan wybod y byddai'n rhaid i Wil alw yno wrth gerdded y 'length'. Fe gafodd William druan ddychryn mawr pan agorodd gil y drws a'r hen fwch yn rhuthro allan.

Y criw yma oedd yn gyfrifol am gynnal a chadw'r ffensys terfyn rhwng y lein a'r ffermydd. Anfynych iawn y ceid anifeiliaid yn tresbasu ond fe ddigwyddai ambell dro i ddafedyn gael ei ladd, ond roedd y cwmni'n dda iawn am ddigolledu'r ffermwyr. Fe gâi ambell gi ei ladd ar ei daith garwriaethol a byddai hynny'n llawer mwy o golled.

Digwyddiad pwysig oedd adnewyddu'r bont haearn. Gweithgaredd dydd Sul oedd hynny'n bennaf a giang arbennig yn gyfrifol am y gwaith. Rhaid cofio fod trafnidiaeth ar ffordd Bala-Dolgellau wedi cynyddu'n o arw erbyn hyn ac nad oedd dyfeisiadau modern ein dyddiau ni ar gael bryd hynny. Câi hanner y ffordd ei chodi ar y tro a chraen mawr ar y lein yn tynnu hen *girders* a chodi rhai mawr newydd yn eu lle. Tipyn o orchwyl.

Daeth terfyn ar reilffordd Rhiwabon-Bermo ar Ionawr 16eg, 1965 pan syrthiodd bwyell Beeching yn drwm ar reilffyrdd cefn gwlad. Colled fawr fu colli gwasanaeth dibynadwy y *Great Western Railway*. Ar ôl hynny bu'n rhaid i drigolion y cwm gario oriawr i wybod faint o'r gloch oedd hi. Roedd amser y trenau mor ddibynadwy gynt – y *mail* am hanner awr wedi chwech ar amser codi, trenau un ar ddeg ar amser cinio, trenau tri ar amser te ac yn y blaen.

Chwith oedd gweld cledrau'n cael eu codi a'r gwifrau ffôn yn cael eu tynnu gan adael polion noeth. Prynwyd y polion teliffon gan Ellis Lloyd o Landrillo gan eu cynnig wedyn i'r ffermwyr yr oedd eu tir yn ffinio â'r rheilffordd. Tyfodd y glaswellt a daeth safle'r hen reilffordd yn lle delfrydol i borthi defaid yn y gaeaf gan fod caledwch a draeniau da. Daeth y tir yn ôl i berchenogaeth y gwahanol ffermydd ac ni ddaw mwy yr un injan stêm i bwffian ei ffordd am bont Pant Gwyn.

Pennod 13 – Tywydd Mawr

'Helo. Sut hwyl? Be ti wedi'i neud i'r tywydd yma, dwed?'

'Mae hi'n ddiflas, yn tydi, a dydi'r rhagolygon tywydd ar *Countryfile* nos Sul ddim yn darogan gwell am yr wythnos chwaith.'

Pa sawl sgwrs sydd wedi dechrau rhywbeth tebyg i'r uchod?! Ydi, mae'r tywydd yn cael llawer o sylw gennym ac mae hi wedi bod felly ers cyfnod Arch Noa – ond dyna fo, mae'n rhaid i'r hen ffarmwrs gael cwyno am rywbeth o hyd!

'Mae hi'n oer ac yn ddidyfu. Dal i gario bwyd i'r hen ddefaid yma a dyma hi'n ganol Mai,' neu 'Mae hi'n boeth ac yn llosgi. Os na chawn ni law yn fuan, mi fydd y gwair yn ysgafn iawn a'r porthiant yn brin.' Ond chwarae teg, mae'r tywydd yn gallu effeithio ar fywoliaeth cymaint o bobl yng nghefn gwlad. Beth am y bobl sy'n dibynnu ar dwristiaeth er enghraifft? A pham fod rhagolygon y tywydd yn ymddangos yn weledol neu'n glywadwy ar ddiwedd pob bwletin newyddion sawl gwaith bob dydd a phawb wedi mynd mor ddibynnol ar Mari Grug a'i thebyg i broffwydo tywydd y dyddiau canlynol?

Doedd y cyfleusterau modern hyn ddim i'w cael ers talwm wrth gwrs ac felly roedd pawb yn fwy ymwybodol o arwyddion tywydd byd natur o'u cwmpas. Mae llawer o'r arwyddion tywydd lleol yn ddiddorol iawn; symudiadau anifeiliaid er enghraifft. Os oedd gwartheg Llechweddalchen wrth Ben Rhaidd, byddai tywydd braf, ond pe byddent yn gorwedd o gwmpas y Garreg Lwyd, roedd coel glaw. Os oedd y geifr yn symud i wyneb craig Llwyngwern, byddai hi'n dywydd ystormus.

I bobl Cwm Peniel roedd y trên yn gloc tywydd reit dda. Roedd sŵn y trên neu oglau ei fwg o stesion Llan neu Langywer yn arwydd o dywydd braf a gwynt o'r dwyrain ond roedd sŵn y trên yn pwffian heibio Drws y Nant i fyny am

Bant Gwyn yn argoel o law a gwynt wedi troi i'r de-orllewin. Argoel arall o law oedd gweld yr Aran yn gwisgo'i chap, neu'r Llechen Ddu yn sgleinio, ond os byddai clwt o awyr las yn ymddangos dros Gornel y Stafell ar graig Llwyngwern, roedd gobaith am brynhawn sych.

Byddai llawer o sylw'n cael ei roi i ble byddai'r brain yn nythu – nythu'n uchel, dim llawer o dywydd ystormus. Pe bai gwenoliaid yn hedfan yn isel, byddai glaw.

Rhoddid llawer o sylw i wedd y lleuad a chyfeiriad y gwynt ar ddyddiadau arbennig. Hoffais y stori ganlynol gan y diweddar Ifan Roberts, Henryd:

Roedd Bob Jones, Pant Gwyn ar ei ffordd i Beniel pan welodd Joseph Thomas, y Rhos a ofynnodd iddo, 'Ble'r ei di heno, Bob?'

'I Beniel, fachgen, i'r cwarfod gweddi, i ofyn i'r Bod mawr am amgenach tywydd i gael y cnwd i ddiddosrwydd.'

'Tyw,' meddai Jo, 'Waeth iti heb gwarfod gweddi 'run dam, Bob bach, tra bo'r gwynt lle mae o!'

Roedd i *Almanac Caergybi* le amlwg yn y rhan fwyaf o gartrefi, yn hongian yn ymyl yr aelwyd ac yn cael ei fyseddu'n fynych. Ceid ynddo fanylion am amser y llanw, pryd oedd y lleuad yn newid ac am faint o'r gloch. Roedd hyn yn bwysig i wybod pryd i roi iâr i eistedd, pryd oedd amser y fuwch i ddod â llo ac yn y blaen. Hefyd byddai rhagolygon tywydd pob mis ynddo, a llawer o goel yn cael ei roi arno. Cofiaf rai o'r dywediadau oedd ynddo: 'Niwl y gaeaf, gwas yr eira'; yna efallai mai 'Gwynt a glaw, yma a thraw' fyddai'r broffwydoliaeth, neu 'Gwell yw'r agwedd at y diwedd'.

Rhigwm bach arall a gofiaf yw'r un a ddywedid wrth glywed y chwrli-bwm ar fin nos yn yr haf. (Mae'n debyg mai rhyw chwilen oedd y chwrli-bwm ac mai sŵn ei hadenydd a glywid. Nid oes sôn am y chwilen fach hon bellach.)

Mae'r chwrli-bwm yn canu,
Mi fydd yn braf yfory.
Beth os syrth y bwm i'r baw,
Gall ddod yn law, serch hynny.

Tybed ai'r newidiadau yn y dulliau amaethu fu'n gyfrifol am ei diflaniad? Hefyd y sioncyn gwair – mae yntau wedi distewi ers talwm.

Mae'n debyg mai peth eitha diweddar yw'r cloc tywydd a welir bron ym mhob cartre erbyn hyn, er bod ambell Sion a Sian yn dal o gwmpas:

Mae gen i, ac mae gan lawer,
Gloc ar y mur i ddweud yr amser;
Mae gan Moses Pant y Meysydd,
Gloc ar y mur i ddweud y tywydd.

Er ein holl gwyno, mae'n siŵr fod gennym le mawr i ddiolch, o gofio am yr hyn sy'n digwydd mewn mannau eraill o'r byd, fel y gwelwn yn aml ar ein setiau teledu. Eithriad yw tywydd eithriadol yn y rhan hon o'r byd a phan ddigwydd unrhyw beth allan o'r cyffredin bydd y wasg a'r cyfryngau'n rhoi sylw mawr iddo. Fe gofiwn am y storm sydyn a ddigwyddodd uwchlaw rhannau o Lanuwchllyn a Chwm Prysor ar y 3ydd o Orffennaf, 2001, pan dorrodd cwmwl rhywle yng nghyffiniau'r Arenig a'r Migneint gan achosi difrod dychrynllyd, yn enwedig yng Nghwm Prysor ac i lawr Cwm Pennantlliw gan beri i afon Lliw orlifo'i glannau a golchi nifer o garafanau o faes Bryn Gwyn yn deilchion yn erbyn Pont Lliw. Yn ffodus ni chollwyd bywydau. Digwyddiadau sy'n dod yn sgil tywydd taranllyd yn yr haf yw'r cyfryw rai fel rheol a thrwy lwc nid ydynt yn para'n hir iawn ond gall stormydd o'r fath achosi difrod ofnadwy.

Nid yw stormydd yn ddieithr yn Llanuwchllyn a cheir

hanes llif cyffelyb yn digwydd ar yr 20fed o Fehefin, 1781. Ceir crynodeb o'r digwyddiad hwnnw yng nghofiant J. R. Jones, Ramoth, un o enwogion ein bro a aned ym Mryn Melyn ar y 13eg o Hydref, 1765. Dywed yr hanes fod afon Twrch wedi cario dau ar bymtheg o dai'r pentref i ffwrdd a symud cerrig a fesurai 19 troedfedd wrth 9 troedfedd. Cafodd pum pont eu dymchwel a'u chwalu yn y plwyf. Boddwyd un wraig oedd yn wael yn ei gwely. Gwraig y Ceunant Ucha yng Nghwm Peniel oedd y wraig anffodus honno. Lladdwyd un wraig ifanc oedd yn gorwedd yn ei gwely gan fellten, ond dim ond llosgi crys nos ei chydymaith. Mae'n debyg mai diwrnod Ffair Llan oedd y diwrnod arbennig hwnnw a bod un wraig o'r Pandy wedi gadael drych ar ei gwely ar ôl bod yn ymbincio. Cipiwyd y tŷ ymaith gan nerth y dyfroedd ond ymhen rhai dyddiau cafwyd y gwely yn nofio ar Lyn Tegid a'r drych yn dal arno!

Cafodd rhieni J. R. Jones brofiad ofnadwy hefyd. Roeddent newydd groesi Pont y Pandy ar droed pan ruthrodd y llifeiriant ofnadwy ac ysgubo'r bont i ffwrdd. Golchwyd y stabl a'r ceffyl o'r Pandy Mawr i Lyn Tegid ond llwyddodd y ceffyl i nofio i gaeau Gwernhefin. Sonnir bod y pynnau ceirch yn nofio allan o'r felin. Dywedir hefyd fod tŷ Pant-clyd wedi cael ei olchi i ffwrdd a'r hen wraig wedi dianc i ben coeden gyfagos.

Mae'n debyg mai Cwm Cynllwyd a ddioddefodd waethaf. Roedd cartre'r bardd Tudur Llwyd wedi ei olchi ymaith a dyma englyn a luniodd wedi'r digwyddiad:

Wele'r fan a'r lle y'm ganwyd – heno
Nid oes hanes cronglwyd;
Tan y ne, pa le mor lwyd,
Llwybr elor, lle bu'r aelwyd.

Sonia Miss Sarah Jones, yr hon a ddaeth yn wraig i'r

enwog Thomas Charles o'r Bala, mewn llythyr Saesneg at Mr Charles ar yr 20fed o Awst, 1783 am ei phrofiad yn ceisio mynd adre i'r Bala ar ôl bod yn Ffair Llan. Mae hi'n adrodd iddi weld y tai yn cael eu golchi ymaith.

Rhywbeth tebyg a ddigwyddodd yn Llanuwchllyn ar yr 17eg o Orffennaf, 1880. Digwyddodd y lli hwnnw'n sydyn iawn, fel y cyfeirir ato mewn penillion o waith Evan Evans, Tŷ Coch yn *Cyfaill o'r Cwm*:

Esgorodd mis hafaidd Gorffennaf,
Ar ddiwrnod a gofir yn hir,
Ar ddiwrnod gerwinaf a gofir
Ar lech hanesyddiaeth ein tir...

Y boreu ni welwyd un arwydd
Y deuai'r fath gynnwrf y nawn...

Ac O! dyna fellten yn fflachio a tharan yn clecian gerllaw
A'r cwmwl trwmlwythog dechreua
O'i fynwes raiadrau o law...

Yn rhifyn y 12fed o Ionawr, 1968 o'r *Corwen Times* ceir adroddiad am storm gyffelyb a ddigwyddodd o gwmpas Drefeidiog Isaf ym mhlwyf Trawsfynydd tua un o'r gloch y prynhawn yn haf 1882. Daeth mellten i'r tŷ a tharo'r canolfur nes dymchwel y distiau. Syrthiodd y to a'r muriau i mewn gan gladdu'r rhai oedd yn llechu yno. Lladdwyd pedwar. Pan aeth cymdogion i durio yn y rwbel cawsant Coli, yr hen ast ffyddlon, yn gorwedd ar fynwes ac wyneb Morris bach, pum mlwydd oed. Roedd yr hen ast wedi aberthu ei bywyd i geisio achub y bychan. Diolch felly nad yw stormydd o'r fath yn digwydd yn aml a bellach gyda'r peiriannau a'r dulliau modern o gynaeafu, nid yw haf gwlyb yn gymaint bwgan ag y bu, diolch i'r byrnwr mawr a'r belen blastig.

Mae tywydd mawr y gaeaf, rhew ac eira yn dal i achosi problemau fodd bynnag. Bu hyn efallai yn fwy gweladwy yn y blynyddoedd diwethaf gan inni gael gaeafau eitha tyner ac ychydig iawn o eira am flynyddoedd cyn hynny. Honna rhai mai'r ôl traed carbon a'r newid yn yr hinsawdd sy'n gyfrifol am y tywydd tynerach ond cawsom aeaf caled yn niwedd mis Tachwedd 2010. Cafwyd mwy o eira yn ystod y mis hwnnw nag a welwyd ers cyn cof a'r tymheredd yn gostwng yn is nag a gofnodwyd erioed.

Fe ymddengys weithiau fel petai'r tymhorau'n newid, y gaeafau'n wlyb, cyfnodau sych a phoeth, neu hafau trymaidd ac annifyr, neu tybed a ydym yn wynebu gaeafau caletach, rhai fel a gofiwn flynyddoedd yn ôl. Mae aml i aeaf o dywydd mawr wedi ei gofnodi dros y blynyddoedd. *Yn Bywyd Gŵr Bonheddig* gan Emlyn Richards, dyfynnir o ddyddiadur y gŵr bonheddig William Bwcle: 'Gorffennaf 13eg, 1736. Glaw oer am deirawr yn ystod y nos a lladd y tyrcwn ifanc i gyd.' Ar Ragfyr 30ain, 1741 mae'n cwyno fod y gaeaf wedi bod yn arbennig o oer a chaled: '*But nothing compared to December 1739.*' Ym 1742 cyfeiria at storm anferth yn 'dadwreiddio coed cedyrn, chwalu tociau a theisi gwair ac ŷd'. Yn ei gofnodion cafwyd rhew mor ddiweddar â'r 27ain o Orffennaf, 1741. Gwelwyd rhew mor gynnar â'r 25ain o Awst ym 1752, y 13eg o Awst ym 1752 a'r 13eg o Awst ym 1757.

Yn *Atgofion am Lanuwchllyn* mae E. D. Rowlands yn cyfeirio at aeaf eithriadol o oer a rhewllyd 1894. Mae'n cofio mynd i Eisteddfod y Calan yn Nolgellau a bron methu cyrraedd adre oherwydd y storm. Roedd chwareli Ffestiniog wedi cau a phobl yn cerdded ar wyneb Llyn Tegid a William Owen, *White Lion* mewn '*Carriage and pair*' yn cael tynnu ei lun ar y llyn. Cofia hefyd hanes John Jones, Ffynnon Gywer yn croesi'r llyn ar noson loergan ac yn syrthio i ffynnon oer a boddi ond llwyddodd i wthio ei blentyn i ddiogelwch. Mae hanes hefyd am dad a mab o Gwmtirmynach yn colli eu bywydau mewn storm ar y mynydd. Ddiwedd Mawrth y daeth y dadmer.

Gwelais bennod yn un o hen gofnodion y cylch o fis Ionawr 1881 yn nodi '*Bala Lake Frozen*' a hanes pobl o'r Bala a fu mewn angladd yn Llanuwchllyn yn cerdded adre ar hyd Llyn Tegid. Ceir hefyd hanes rhai a fu'n sglefrio ar y llyn sydd ar ben Aran Benllyn ym mis Ionawr 1895. Fe welwn felly fod gaeaf caled yn dod yn ei dro.

Sonnir yn *Y Cymro* am aeaf 1954 a dweud, oherwydd y glawogydd eithriadol a gafwyd yr haf hwnnw nid oedd modd cael y cnydau i mewn; roedd porthiant y gaeaf yn ofnadwy o brin a gwair a dwysfwyd yn cael ei fewnforio o Loegr; daeth gwerth dros £100,000 o borthiant o Loegr.

Prinder o achos gwres eithriadol a fu yng ngaeaf 1955 fodd bynnag, ar ôl naw wythnos o sychder.

Cafwyd gaeaf arbennig o oer a gaeafol wedyn ym 1963. Bu'r gwynt yn chwythu'r eira yn lluwchfeydd at y cloddiau gan adael canol y caeau yn noeth, yn nannedd y rhewynt. O ganlyniad doedd dim tamaid glas i ddafedyn ac felly dim llaeth i fagu ŵyn. Bu trafferthion dychrynllyd. Rhywbeth yn debyg oedd gaeaf 1967/8 a ffyrdd cefn gwlad wedi cau am wythnosau. Cofiaf fel y byddai fy rhieni yn sôn am noson o luwch eira a ddaeth yn ddirybudd ddiwedd mis Chwefror 1937. Cyrhaeddodd y lluwch at ganol ffenestr y llofft bryd hynny nes eu bod nhw wedi gorfod turio eu ffordd o ddrws y tŷ. Claddwyd a chollwyd peth wmbreth o ddefaid. Soniai fy 'nhad lawer am ryw hen Scot oedd ganddo a arbedodd lawer iawn o'r defaid oedd wedi cael eu claddu. Roedd cael ci a allai farcio defaid dan eira yn eithriadol o bwysig, hyd yn oed os na fyddai'n dda i ddim arall.

O'r holl aeafau a thywydd mawr, mae'n siŵr mai gaeaf 1947 yw'r un gwaethaf o fewn cof y rhai sy'n fyw heddiw a cheir adroddiadau ac atgofion wedi eu croniclo. Rhaid cofio bod haf 1946 wedi bod yn sobor o wlyb ac anniben ac am nad oedd cyfleusterau fel sydd i'w cael heddiw aeth llawer o'r cynhaeaf yn ofer. Prin iawn felly oedd y cnwd ar ddechrau'r gaeaf a'r hyn oedd ar gael yn sobor o ddi-nerth. Yn ei dyddiadur ar y 14eg o Hydref, fe gofnododd fy mam: 'Cael fy mlwydd, torri gwair ar Maesgwilym.'

Disgynnodd yr eira cyntaf ar yr 22ain o Ionawr, 1947 gan ychwanegu trwch sylweddol hyd at y 15fed o Fawrth. Bron yn ddieithriad byddai pob dydd Mercher yn ystormus iawn a'r ffordd fawr yn cael ei chau gan greu anhwylustod garw. Ceir sylw yn rhifyn y 15fed o Fawrth o'r *Daily Post* fod y gost o glirio'r briffordd ym Meirionnydd oddeutu £30,000. Rhaid cofio nad oedd yr un Jac Codi Baw ar gael yr adeg honno.

Yn *Y Cymro* yr un pryd ceir cofnodion fod ffermwyr Cymru wedi colli dros 300,000 o ddefaid. Mae hanes defaid yn dod i lawr o'r Berwyn ac yn marw ar y stryd ym Mhenybont Fawr a'r brain yn ymosod ar y gweinion a thynnu eu llygaid. Ceir yn *Y Cymro* lun ceir modur ar wyneb Llyn Tegid a'r trên yn gaeth yn yr eira yng Nghwm Prysor.

Yn y cylchgrawn *Rural History*, dywedir bod dros filiwn a hanner o ddefaid wedi marw a thros ddwy filiwn a hanner o ŵyn wedi methu â goresgyn y tywydd.

Yn rhifyn mis Mawrth 1997 o bapur bro Bro Ddyfi, *Y Blewyn Glas*, ceir atgofion rhai o ardalwyr y fro honno ac mae Dafydd Wyn Jones yn cofio Harri, Ty'n Ddôl, Mawddwy yn dweud mai un anifail oedd yno yng ngwanwyn 1947 ac mai oen llyweth oedd hwnnw. Roedd gan fferm arall ym Mawddwy 700 o ŵyn ym 1946 ond dim ond 7 erbyn 1947. Cofia am Sue, Alltforgan yn gweddïo: 'Arglwydd Mawr, gad un ddafad a hwrdd ar ôl imi.'

Mae Huw Jones yn cofio'r eira at ffenest y llofft a dim ond rhyw droedfedd o'r polion teliffon yn y golwg.

Bu'r injan ddyrnu yn Rhyd-y-wern am wyth wythnos,

gan fethu symud yn ôl Meurig Griffiths.

Yn *Fy Milltir Sgwâr*, atgofion Huw Williams, ceir hanes ei wraig ar fin esgor ar blentyn yng ngodre Mynydd Hiraethog a dim gobaith cael ambiwlans yn agos. Cofia gerdded tua phum milltir i dŷ'r prifathro i ffonio meddyg. Daeth tua wyth deg o wirfoddolwyr i glirio'r ffordd a chariwyd y fam ddwy filltir i gyfarfod lorri'r cyngor. Ganwyd merch fach iddynt, sef Eira (chwaer Mrs Annie Evans, y Cyfnod).

Yn *Byd Amaeth* yr 17eg o Fai, 1947 ceir hanes ffurfio Cronfa'r Ddrycin. Ei hamcan oedd ceisio lliniaru peth ar effaith y colledion enbyd a ddigwyddodd. Sefydlwyd cronfa leol ym Meirionnydd a cheir rhestr o'r unigolion a'r sefydliadau a gyfrannodd at yr apêl.

Er mor bwysig yw atgofion pobl eraill, mae atgofion personol bob amser yn fwy cofiadwy ac er nad oeddwn ond plentyn mae'r atgofion am y gaeaf hwnnw yn fyw iawn y fy nghof.

Roedd 1947 yn flwyddyn y sgolarship i mi, i benderfynu a gawn fynediad i'r Ysgol Ramadeg neu beidio. Doedd wiw i'r un ohonom aros adre felly, waeth beth fo'r tywydd ac roedd canlyniadau da i Ysgol Llanuwchllyn yn golygu mwy i'r hen Miss na diogelwch ei disgyblion!

Ar y trên y teithiwn a chofiaf un diwrnod yn arbennig. Roedd yr eira wedi dechrau disgyn, y gwynt wedi codi a'r trên yn hwyr ac yn cael trafferth cyrraedd yr orsaf. Doedd fawr neb arno ac roedd hi'n amlwg ei fod yn cael trafferth cyn cyrraedd Pont y Garth ond yn fuan wedyn, yn y lle cul (cyting), aeth yr eira'n feistr arno. Gan mai llwybr cul oedd yno, eisoes wedi ei dorri drwy'r eira, buan iawn y sylweddolais ein bod yn cael ein claddu yn y lluwch o'r caeau. Ni chofiaf am ba hyd y buom yno ond daeth peiriant stêm mawr ac aradr eira o rywle i'n hachub. Bu'n brofiad go chwithig i hogyn un ar ddeg mlydd oed.

Mae gennyf gof hefyd o gerdded adre yng nghwmni fy

nhaid ac Edward Jones, yr Hafod. Roedd Edward Jones yn porthmona ac yn dod i olwg dwy swynog oedd gan fy 'nhad i'w gwerthu. Roedd yn ŵr cydnerth eithriadol, dros ddwy lath o daldra ac yn ffermio Plas Morgan. Deuai'n wreiddiol o Lanuwchllyn. Cymwynas yn wir fyddai mynd â'r ddwy fuwch gan fod y porthiant mor brin. Roedd yr eira'n disgyn a'r gwynt yn chwyrnellu a chlywid y rhuo yng ngheunant Llechweddalchen – arwydd o noson fawr. Wedi bargeinio, cychwynnodd Edward Jones yn ôl yn ddiymdroi i gael mynd adre ar y trên wyth. Bu bron iddo fethu â chyrraedd y Llys yn ddiogel.

Er mai ychydig o drafnidiaeth oedd ar y ffordd y dyddiau hynny o'i gymharu â heddiw, rhaid oedd i'r gwasanaethau cyhoeddus, y bws a'r lorri laeth deithio'n ddyddiol a pheth cyffredin iawn oedd gweld nifer o gerbydau wedi cael eu dal yn yr eira ar Riw Swch a Chors Pant Gwyn a gwn i deulu Pant Gwyn agor eu haelwyd ar ambell i noson a rhoi lloches i drueiniaid a gaethiwyd yn yr oerfel. Cawsant gydnabyddiaeth deilwng am eu cymwynasau lu drwy dderbyn tystysgrif *Knights of the Road*.

Rhaid hefyd oedd i'r tanciau llaeth deithio o'r Hufenfa yn y Ronwydd i gyflenwi llaeth i drigolion Lerpwl yn ddyddiol. Rhaid cofio nad oedd anti-ffrîs ar gael, na'r dulliau cynhesu o fewn y cerbyd fel yn ein dyddiau ni. Sut y llwyddodd y bechgyn hyn i gyflawni eu dyletswyddau dan amgylchiadau mor galed tybed?

Cofiaf fel y byddai trwch o rew ar y botel laeth a gaem yn yr ysgol yn aml a byddai'r llaeth yn rhewi yn y gasgen ar ochr y ffordd. Nid oedd sôn am reolau hylendid bwyd y dyddiau hynny.

Fe ddaeth y meiriol mawr cyn diwedd mis Mawrth a chredaf i hwnnw wneud cymaint o ddifrod â dim.

Roedd nyrs goed Llwyngwern wedi ei thorri yn ystod cyfnod rhyfel 1939-45 pan oedd galw mawr am goed. I alluogi'r gweithwyr oedd yn trafeilio at eu gwaith ar feiciau modur, beiciau bach, neu gerdded ac yn gorfod croesi afon Dyfrdwy bob dydd, waeth beth oedd y tywydd, roedd pont eitha sylweddol wedi cael ei chodi ar ddau bentan cerrig ar y llwybr o'r Swch drosodd i'r Cyfar Hir a Dôl Gwerngrug. Fe gofiaf y diwrnod yn dda, mae'n rhaid mai dydd Sadwrn neu wyliau ysgol oedd hi. Roedd y meiriol mawr wedi dechrau a'r glaw yn ei thywallt hi i lawr. Roedd y ddôl wedi cael ei gorchuddio gan y lli a'r dŵr yn prysur godi drwy ffens y lein a William Roberts, y gangar mewn tipyn o banig. Aeth rhuthr y lli yn drech na'r bont droed; fe'i cariwyd hi ymaith ond yn anffodus aeth yn sownd o dan bont y lein gan achosi tagfa. Rhuthrai tafelli enfawr o rew i lawr yr afon gan rwygo canghennau a gwreiddiau coed i'w canlyn a llawer o ddefaid wedi boddi. Codai'r dŵr yn gyflym gan fygwth diogelwch y rheiliau ac y wir y bont haearn hefyd.

Roedd hi'n amser y trên un ar ddeg a William Roberts mewn panig llwyr am na wyddai sut i stopio'r trên mewn pryd. Drwy ryw ryfedd wyrth sugnwyd yr hen bont bren a diflannodd gyda'r cenlli, er mawr ryddhad i bawb. Pe bai'r bont haearn wedi symud gallai trychineb mawr fod wedi digwydd. Da yw gallu dweud bod yr hen bont yn dal yn soled yn ei lle.

Mae'r llyfr bach yn cofnodi mai 7 oen oedd yn y ddiadell a 30 yn yr helfa ucha am mai £19 oedd y siec am y gwlân ym 1947. Dylai cyfri'r ŵyn fod dros 300 a'r siec wlân tua £150. Fe gymerodd flynyddoedd lawer i ailgodi rhif y ddiadell. Oni bai am gymorth ariannol y Llywodraeth byddai llawer ffermwr wedi mynd yn fethdalwr.

Adroddai fy 'nhad am y ceffylau a oedd yn troi'n ôl mewn eira ar y dalar wrth drin y clwt tatws, a hynny ar y 14eg o Fai, diwrnod Ffair y Bala. Clywais Gwynli Thomas, Cwmonnen (gynt) yn dweud eu bod nhw'n cerdded dros luwch ar yr Aran wrth hel defaid i gneifio ym mis Gorffennaf.

Diolch felly mai tymhorau anarferol yw'r cyfryw rai a bod gennym erbyn hyn siediau ac offer mwy addas i ddelio ag amgylchiadau o'r fath.

Pennod 14 – Y Plas Coch a'r Cyffiniau

Y Plas Coch oedd enw crand yr hen fugeiliaid ar y tŷ bach.
Nage, nid y tŷ bach hwnnw y bydd rhywun yn rhedeg iddo a
chloi'r drws am ychydig o breifatrwydd rŵan ac yn y man,
ond tŷ bach go iawn, wedi ei godi o gerrig garw'r mynydd!
Yng nghyfnod fy ieuenctid roedd pedwar o'r cyfryw
fythynnod i'w gweld yn y Creigiau Bach o fewn pellter o ryw
hanner milltir dda i'w gilydd. Ond ble mae'r Creigiau Bach
meddech chi?

Wel, dewch gyda mi ar hyd yr A494 o'r Bala i Ddolgellau,
gadael pentref Llanuwchllyn ar y chwith ac ymhen rhyw
filltir go dda fe ddeuwn at gapel a thair croesffordd. Dyma
Gapel Peniel, y capel a roddodd ei enw i Gwm Peniel. Mae'r
Aran Benllyn yn gwarchod y Cwm ar yr ochr chwith. Wrth
nesáu at dop y cwm trown i'r dde i gyfeiriad y mynydd ac o'n
blaenau fe welwn Graig Llwyngwern, Moel Gaws a'r
Penmaen, ac ychydig ymhellach mae'r Drysgol ac ymlaen
am y Dduallt, tarddle afon Dyfrdwy. Dyma'r rhan a elwir yn
Creigiau Bach, a dyma leoliad y pedwar tŷ bach – un ar gefn
Moel Gaws, un ar fanciau Llety Cripil, un ar Fryn Lloches ac
un ar Fryn Gaseg Goch.

Yn ddiweddarach aeth llawer o dir y Creigiau Bach o dan
goed ac ar wahân i'r tŷ bach ar Foel Gaws aeth y tri arall o'r
golwg yn y goedwig, er i adfeilion tŷ bach Llety Cripil
ailymddangos yn ddiweddar pan gwympwyd llawer o goed.

Beth oedd diben y tai bach hyn? A oeddynt yn gyffredin
mewn ardaloedd eraill? Roedd rhyw ddamcaniaeth fod
gwythïen aur yn mynd drwy'r Creigiau Bach o waith aur
Carndochan ym Mhennantlliw a thrwodd i gyfeiriad gwaith
aur Clogau ym Mont-ddu. Efallai mai dyna'r rheswm fod
cynifer o lefelau neu siafftiau wedi cael eu cloddio yma ac
acw yn y Creigiau Bach. Oes yna aur yng nghrombil y
Boncyn Melyn bach tybed? Pam fod llysnafedd coch ar

lannau un nant? 'Paid byth ag yfed dŵr o hon,' meddid am Nant Crach.

Mae arbenigwyr diweddarach yn bendant fod y Creigiau Bach yn gyfoethog iawn mewn mwynau ond ni ellir penderfynu pa fwynau ydynt heb dyllu i berfedd y ddaear. Dyna oedd bwriad Río Tinto rai blynyddoedd yn ôl ond tybiai rhai pobl leol mai eu bwriad oedd chwilio am le i gladdu gwastraff niwclear, ac o ganlyniad i brotest ni ddaeth dim o'r ymdrech honno. Tybed a gollwyd cyfle?

Prin iawn yw'r hanes am Dre Eurych hefyd, sydd â'i hadfeilion yn amlwg yng ngwaelod Warin Tŷ Mawr, gwaelod mynydd Gwerngrug ar odrau Moel Gaws i lawr i ffriddoedd Llwyngwern.

Pwy tybed oedd y pennaeth a gladdwyd ar Fryn Eurych Bach, gyda wal fechan i amgylchynu ei fedd? Pwy oedd y melinydd olaf i weithio'r hen felin nid nepell o'r llyn golchi? Oes, mae llawer o gyfrinachau heb eu hateb yn y Creigiau Bach.

Mae'n sicr mai perthyn i oes ddiweddarach yr oedd y tai bach ac mae'n siŵr mai eu hunig ddiben oedd rhoi ychydig o gysgod i fugail neu weithiwr a oedd un ai'n hel pabwyr neu dorri mawn ar y mynydd. Rhaid cofio mai mynydd hollol agored oedd y Creigiau Bach, heb yr un terfyn yn unlle heblaw am y wal cydrhwng y mynydd a ffriddoedd Llwyngwern. Roedd hon yn wal hollbwysig, yn ymestyn i tua dwy filltir o hyd o Adwy Fuches Las dros Graig Llwyngwern a Moel Gaws ac i lawr at Rydydrain. Cyfrifoldeb Llwyngwern oedd cadw'r wal mewn cyflwr da i atal y preiddiau rhag dod drosodd i reibio'r ffriddoedd a'r caeau.

Roedd ffermydd i lawr y dyffryn at bentref Llanuwchllyn a Chaer-gai, ac yn wir at Benbryn-coch yn ardal y Parc, yn berchen ar ddarnau o'r Creigiau Bach, a dyma eu cynefin i bori defaid dros fisoedd yr haf o tua dechrau mis Ebrill hyd ddiwedd mis Hydref. Roedd i bob fferm ei libart a chyfrifoldeb pob fferm oedd cadw eu defaid mor agos â phosibl at y libart hwnnw.

Ar ôl bod yn pori tir brasach gwaelod y dyffryn dros fisoedd y gaeaf a chael eu troi i bori crawc y Creigiau Bach ym mis Ebrill a dechrau Mai, roedd hi'n naturiol i'r defaid geisio dychwelyd yn ôl yno. Digon naturiol felly oedd gweld miloedd o ddefaid ac ŵyn wedi dod i lawr at wal y mynydd i geisio'u ffordd yn ôl i'r dyffryn, yn enwedig felly pe bai'r tywydd yn oer a chawodydd gaeafol.

Gwaith y bugail ar yr adeg yma o'r flwyddyn oedd dod yn ddyddiol am rai wythnosau i ddanfon y diadelloedd yn ôl i'w cynefin. Weithiau byddai gŵr profiadol yn cael ei gyflogi yn rhannol cydrhwng dwy neu dair fferm, ac yn aml mab fferm fyddai'n ymgymryd â bugeilio diadell ei dad, fel yn fy hanes i ar ôl gadael yr ysgol yn bymtheg mlwydd oed.

Roedd gofyn am bwyll a llawer o amynedd wrth gychwyn gyrru helfa mor fawr yn ôl am eu cynefin, a gofalu nad oedd ŵyn yn cael eu gwahanu oddi wrth eu mamau ac yn mynd ar ddisberod. Toc fe welid defaid Gwern-grug yn dechrau gwahanu am gefn y Foel; defaid Tyddyn Llywarch yn troi am y Penmaen; defaid Llety Cripil ac Eithinfynydd yn troi am yr Olchfa; defaid Tŷ Mawr am dop yr Wrin; defaid Llwynllwydyn am y Derlwyn; defaid y Prys, Cefn Prys a Thyddyn Felin yn cymryd eu llwybrau tua'r Drysgol; defaid Rhyd-sarn yn gwahanu ac yn aros ar eu cynefin; defaid yr Hendre yn rhyw droi am Fryn Lloches a'u cynefin eu hunain; gan adael defaid Caer-gai a Llwyngwern i fyny yn eu blaenau am Gefn Glas a Braich Lusog.

Fe allai'r daith hon gymryd awr neu ddwy a balch fyddai dyn a'i gi o gyrraedd pen y daith a throi i glydwch y tŷ bach am ychydig seibiant a thamaid o fwyd. Dyna felly ddiben y tai bach – lle i'r gwahanol fugeiliaid gael ymochel a thipyn o orffwys a chadw llygad ar y gwahanol ddiadelloedd yn ystod y dydd.

Gŵr y cefais lawer o'i gwmni wrth y gwaith oedd William Huws, y Castell a oedd ar y pryd yn fugail ym Mhenbryn-coch. Byddai William Huws yn dod ar ei foto-beic o'r Parc a'r hen Fot mewn bocs ar y piliwn. Rhaid oedd codi'n fore, gan y gwyddwn y byddai William wrth Ryd-y-drain am hanner awr wedi chwech bob bore. Fy ngorchwyl i oedd cychwyn wrth Adwy Fuches Las a mynd dros ben y Graig a'r Derlwyn gan symud y defaid oedd wedi gwersylla dros nos yng nghysgod y wal.

Tueddai defaid Penbryn-coch i grwydro fwy am gefn y Penmaen a mynydd Alltygwine ac ar ôl cyfarfod a mwynhau sgwrs fer fe drôi William yn ôl am y Bryn Hir, Foty Catrin a'r Gors Wen gan fy ngadael i i droedio tua'r Dre Fawn a Chefn Glas Bach a danfon defaid Llwyngwern dros afon Dyfrdwy i'w libart ar wyneb Braich Lusog a'r Orweddfa, cyn ail gyfarfod yn y Plas Coch.

Adfeilion mwy neu lai oedd tri o'r tai a grybwyllwyd ond roedd y Plas Coch yn dal i gael ei ddefnyddio'n rheolaidd. To sinc oedd iddo ond cofiai 'Nhad do brwyn arno yng nghyfnod ei lencyndod ef. Saif y Plas Coch yng nghysgod talp o gerrig rhyw hanner can llath o Fryn Gaseg Goch. Yno hefyd roedd corlannau Llwyngwern a Chaer-gai. Gan nad oedd terfyn mynydd Llwyngwern ond rhyw ganllath ymhellach, roedd y corlannau a'r tŷ bach yn hwylus iawn i'r ddwy fferm. Mesurai'r adeilad bychan rhyw chwe metr o hyd a rhyw dair o led, gan gymryd mantais o wyneb llyfn y talp craig i fod yn wal gefn.

Rhyw hanner can llath yn nes at dalcen Cefn Glas Bach roedd y Geulan Goch, lle'r arferid torri mawn ers llawer dydd a'r geulan wedi ei thorri ar siâp pedol. Roedd ychydig o fawn yn dal i gael ei dorri yno at ddibenion y Plas yn fy amser i a than y bwrdd a'r meinciau yn llawn mawn sych, yn ddiddos dros fisoedd y gaeaf. Byddai hefyd feichiau o rug wedi eu rhwymo â chortyn coch yn barod i gael ffagl dan y tegell.

Gorchwyl pwysig pob Calan Mai oedd hel migwyn i'w wthio i bob twll cydrhwng y cerrig waliau, fel nad oedd un chwa o awel fain yn dod i mewn a'r Plas Coch yn ddiddos glyd fel nyth y dryw. Wedi cael tanllwyth o dân byddai'r tŷ bach yn gynnes iawn a chyda chymorth y mwg mawn hawdd iawn oedd syrthio i gysgu.

Hen ddrws wedi ei osod ar ddwy fainc oedd y bwrdd ac ar ben y bwrdd roedd hen gist bren fechan yn cynnwys trugareddau digon amrywiol – bocs nod coch a nod glas; powdwr nod coch a glas; potelaid o hen oel i gymysgu'r nod; potel o oel lladd cynrhon; cortyn coch; tipyn o hoelion, staplau a morthwyl at drwsio'r gorlan; gwellau ac ychydig o linynnau i rwymo traed; ac yn aml iawn hen sach neu ddwy, yn gyfleus i daflu dros yr ysgwyddau neu i gario cnu neu ddau adre. Da o beth nad oedd rheolau iechyd a diogelwch yn bodoli bryd hynny!

Ar ben mainc yn y gongl safai'r cwpwrdd llestri. Yn y cwpwrdd roedd hen fygiau mawr (a fyddai erbyn heddiw yn werth pres go dda), hen gwpanau amrywiol eu llun a'u maint; plât bara ac ychydig lwyau. Cofiaf mai mwg ac ymyl las iddo oedd mwg fy 'nhad, a mwg gyda llun y frenhines Victoria oedd un William Jones, Caer-gai tra bod mwg Emrys Williams, Rhyd-sarn â smotiau gwyrdd iddo. Pechod o'r mwyaf oedd i neb feiddio cymryd mygiau'r hen fugeiliaid. Cofiaf yn dda, a nifer wedi ymgynnull yn y Plas ar ddiwrnod golchi defaid, weld William Jones, Caer-gai yn tynnu mwg o'r bag a'i gyflwyno i mi: 'Rwyt ti nawr yn un ohonom ni.' Roedd cael fy nerbyn yn aelod o Gymdeithas Bugeiliaid y Plas Coch yn fwy o anrhydedd i mi ar y pryd na phe buaswn wedi fy nerbyn yn aelod o'r Orsedd!

Gan nad oedd lle ar silffoedd y cwpwrdd llestri safai'r tebot ar ben y cwpwrdd. Andros o debot glas ydoedd a blodau coch arno, crair gwerthfawr mewn sêl gist car yn ddi-os.

Ar ben y bocs ar y bwrdd roedd tegell haearn du a bwced i gario dŵr o'r ffynnon, ac er bod coes matsien wedi ei gwthio i gau'r twll yn ei waelod, fe barhaodd felly am gyfnod. Diweddodd yr hen fwced ei hoes fel caead ar dop y corn simnai i rwystro glaw lifo i lawr y corn ym misoedd y gaeaf.

Wedi ei rhwymo o dan y to roedd hen raw fawn, rhaw a welsai ddyddiau gwell, mae'n wir, ond er hynny'n ddefnyddiol iawn i ychwanegu ychydig o fawn o'r Geulan Goch at y storfa pob dechrau haf. O dan y to byddai dowcar yn cael ei gadw hefyd. Dim ond ar ddiwrnod golchi'r defaid cyn eu cneifio y defnyddid y dowcar. Gwaith un o'r hen fugeiliaid oedd eistedd ar y graig wrth ochr y llyn gyda'r dowcar yn ei law, i wneud yn siŵr fod pob dafad yn cael trochfa dda a throi ei thrwyn i gyfeiriad lle haws i ddod allan i'r lan.

Yr unig gelficyn pwysig arall ynglŷn â'r Plas Coch oedd y goriad. Roedd cuddfan cadw'r goriad yn gyfrinach na wyddai llawer amdani; hynny oherwydd i rywrai droi i mewn rhyw dro a llosgi'r cyflenwad grug a mawn sych a gadael y lle'n llanast.

Penllanw blwyddyn o fugeilia yn y Plas Coch oedd diwrnod golchi defaid ym mis Mehefin. Roedd y defaid yn llawer haws eu cneifio gyda gwelleifiau ar ôl eu golchi, y gwlân wedi llacio a'r cŵyr wedi ei olchi ymaith. Unwaith y daeth y peiriannau cneifio fe anghofiwyd am y golchi. Doedd dim angen didol defaid dieithr chwaith y diwrnod hwnnw gan fod popeth yn mynd drwy'r dŵr. Gan fod angen llawer o ddwylo wrth y gorlan olchi byddai Llwyngwern, Caer-gai a Phenbryn-coch yn golchi ar yr un diwrnod ac yn helpu ei gilydd. Wedi hel yn y bore byddai defaid Llwyngwern yn cael eu cau wrth y gorlan olchi, defaid Penbryn-coch yn eu corlan eu hunain a defaid Caer-gai yn y gorlan ar y ffalt wrth ymyl Plas Coch. Byddai pawb yn barod am baned ac ychydig o orffwys erbyn hynny. Cofiaf yn dda mai gwaith John Evans, un o weision Caer-gai oedd trwsio'r llidiardau a rhoi ambell stwffwl yn y ffens a gofalu am dân a thegell yn berwi erbyn y byddai'r helwyr wedi gwneud eu gwaith. Siom o'r mwyaf unwaith fu canfod nad oedd tegell yn berwi a'r rheswm am hynny oedd bod John wedi methu dod o hyd i'r ffynnon!

Doedd dim byd tebyg i de o ffynnon Bryn Gaseg Goch. I ddilyn byddai orig o ymlacio a thynnu coes ac Edward Roberts, Penbryn-coch yn ail-fyw rhai o ddigwyddiadau'r Rhyfel Byd Cyntaf, er o bosib fod angen pinsied o halen gydag ambell i stori.

Wedi ailafael yn y gwaith doedd dim sefyll i fod nes y byddai'r gwaith wedi ei gwblhau a'r defaid yn cael eu pasio o law i law i'r un oedd yn sefyll ar y garreg las ar fin y dŵr.

Do, fe ddaeth fy nhro innau i sefyll ar y garreg las i daflu defaid i'r dŵr ac er fy mod yn fachgen eitha cryf a chyhyrog erbyn hynny, buan iawn y dysgais nad oedd y gwaith yn hawdd. Er na welais neb yn cael ei dynnu i'r dŵr, cofiaf gorn hwrdd yn bachu ym mresys William Jones ond yn ffodus dim ond ei het aeth i nofio, er mawr ddifyrrwch i weddill y criw. Diwrnod chwyslyd oedd y diwrnod golchi fel rheol, er i mi weld y tywydd yn newid ambell waith hefyd nes bod pawb yn wlyb at ei groen ymhell cyn gorffen y gwaith.

Os caf weld y coed pîn yn cael eu torri ac os caf iechyd, fe garwn fynd unwaith eto i eistedd wrth ddrws y Plas Coch i ail-fyw'r hen atgofion ac i ddiolch am gwmnïaeth yr hen fugeiliaid.

Pennod 15 – O'r Tyrpeg i ben y Groesffordd

Fuoch chi yn Llanuwchllyn erioed? Hwyrach ichi fynd heibio droeon wrth deithio ar hyd ffordd yr A470 o'r Bala i Ddolgellau. Efallai eich bod chi wedi aros wrth y pympiau petrol ar y gongl i ddisychedu'r cerbyd. Os felly, mae'n eitha posib i chi sylwi ar y ddau gerflun ar draws y ffordd, y tad a'r mab, Syr Owen Morgan Edwards ac Ifan ap Owen Edwards – dau o enwogion Llanuwchllyn a dau gyfaill mawr plant ac ieuenctid Cymru. Mae'n eitha posib hefyd i chi glywed lleisiau plant yn chwarae ar gae Ysgol O. M. y tu ôl i'r cofebion a'r Gymraeg mor bersain ag erioed. Buan iawn y bydd unrhyw estron bach a ddaw i'w plith yn Gymro rhugl, gan ddenu eu rhieni i ymuno yng ngweithgareddau allanol yr ysgol a dod yn rhan o gymdeithas Gymraeg yr ardal. Efallai i chi sylwi ar faner y ddraig goch a baner Owain Glyndŵr yn chwifio, neu'r faner gyda'r geiriau 'Croeso i Lanuwchllyn'.

Gadewch i mi yn awr eich gwahodd chi i ymuno â mi ar daith hamddenol, linc-di-lonc drwy bentref Llanuwchllyn, gan gofio bod llawer mwy i hanes y fro na hanes mab Coed y Pry a sylfaenydd Urdd Gobaith Cymru.

Yn ein hwynebu ar y gongl mae talcen gwyngalchog y Tyrpeg. Yno rhaid oedd talu toll am ddefnyddio'r briffordd yn nyddiau'r Goets Fawr a phob dull a modd yn cael eu dyfeisio i geisio osgoi talu ceiniogau prin mewn amser caled. Bellach mae'r hen Dyrpeg yn adeilad cofrestredig ac yn cael ei ddefnyddio fel ystordy bychan i breswylwyr y tŷ y mae'n rhan ohono.

Ar y chwith mae mynedfa Ysgol O. M. Edwards y cyfeiriwyd ati, a chyferbyn ar y dde ceir agoriad llydan a mynedfa i ystordy amaethyddol sydd ers blynyddoedd bellach yn cael ei rhedeg gan Gymdeithas Amaethyddol Clunderwen a'r lle wedi ehangu a newid llawer dros y blynyddoedd.

Led gardd ymhellach fe ddown at Hen Ysgol y Llan, sydd bellach yn dŷ annedd dymunol. Dyma hen ysgol y bechgyn ers talwm a Bowen yr ysgolfeistr yn un go greulon yn ôl y sôn. Hon oedd yr ysgol y sonia O. M. amdani yn *Clych Atgof* – ysgol y *Welsh Not*. Dioddefodd O.M. aml i gansen ar ei law am siarad Cymraeg. I'r adeilad hwn y deuai'r Ifaciwîs i gael eu haddysg tra oeddent yn cysgodi yng nghartrefi'r ardal amser rhyfel 1939-45.

Ar draws y ffordd mae hen adeilad a fu ar un adeg yn garej ond cwt hers a gofiaf i yno. Pan fyddai angladd yn un o'r cymoedd deuai rhyw wagenwr cyfrifol â'i geffyl i gyrchu'r hers; hen focs du gofiaf gyntaf ac yn ddiweddarach hers wydr. Roedd bod yng ngofal y ceffyl a'r hers yn swydd gyfrifol iawn ac yn gofyn am geffyl tawel a llonydd.

I lawr yr heol fechan sy'n troi i'r chwith roedd gweithdy'r saer a'r ymgymerwr. Teulu'r Gittings-Owen oedd y rhain, teulu a roddodd wasanaeth teilwng a boneddigaidd dan bob amgylchiad. Bellach distawodd sŵn y lli gron ac nid oes neb yno yn mesur arch mwyach.

Yn ein hwynebu ar y gornel mae Hen Dŷ'r Ysgol. Yma y trigai'r prifathro. Clywais mai cerrig o Big y Swch ar y Garneddwen (cartref y Bedyddiwr enwog, Dr Ellis Evans, Cefn Mawr) yw llawer o'r cerrig a ddefnyddiwyd i'w godi. Mae'r plac ar ei dalcen yn nodi: '*This school house was erected in Commemoration of Sir W.W.Wynn Br, having attained his Majority on 22nd day of May MDCCCXLI.*'

Rhaid peidio anghofio'r hen bwmp, Pwmp y Llan, sy'n sefyll ar y gornel gerllaw. Mae'n siŵr fod yr hen bwmp wedi clywed aml i stori ac wedi gwrando ar ambell gyfrinach o dro i dro ond ni ddaw neb â'i biser i gydio'n ei fraich mwyach.

Fel y cerddwn ymlaen mae rhes o dai ar y dde ac ar y chwith down at Dafarn yr Eryrod, neu'r 'Igls' fel y'i gelwir yn lleol. Dyma'r unig ganolfan gymdeithasol yn y Llan bellach a'r perchenogion presennol yn gymeradwy iawn. Dyma'r unig fan ble gellir cael papur dyddiol, llaeth, bara ac yn y blaen hefyd. Mae'r dafarn wedi ennill enw da am brydau bwyd a bydd galw mawr am eu gwasanaeth i baratoi swperau a nosweithiau cymdeithasol. Gyferbyn â drws y dafarn mae porth Eglwys Sant Deiniol. Gwaetha'r modd, mae drws yr eglwys hefyd o dan glo. O gerdded cyd-rhwng y beddau gwelwn fod llawer o'r marwolaethau'n dyddio'n ôl i ddechrau'r bedwaredd ganrif ar bymtheg a bod llawer o bobl ifanc wedi cael eu claddu yma, megis Elen Parry, Pen-bont yn 24 oed; Robert Roberts, Rhydydrain yn 24 oed, ac mewn cornel unig gwelir bedd '*Thomas Murphy. A native of Ireland, who was accidently killed on the Bala to Dolgelley railway, Sept 1st 1868. Aged 29.*' Tybed a oes un o'i ddisgynyddion yn gwybod ei hanes bellach?

Ar draws y ffordd ychydig o'r neilltu roedd yr efail a gweithdy'r crydd – dau le pwysig iawn yn eu dydd, a phrysur hefyd. Roedd yr efail yn lle i wagenwyr yr ardal ddangos y wedd ar ei gorau ac yn lle i roi llinyn mesur ar geffylau cymdogion. Roedd gweithdy'r crydd yn lle i seiadu a thrafod problemau'r dydd, pe gallech fod mor ffodus â chael lle i roi clun i lawr. Cofiaf yn dda am Griffiths a'r sigarét dragwyddol honno'n hongian yn llipa yng nghornel ei geg nes y disgynnai'r lludw ar yr esgid yn ei law! O flaen yr efail roedd hen fwthyn bychan ac ynddo trigai gwraig a adwaenid fel Bobes. Ati hi yr âi llawer â'u dillad i'w golchi a hithau'n ennill ychydig geiniogau at ei byw. Clywais ei bod yn arbennig o dda am smwddio a startsio.

Siop Edward Richards oedd yn ymyl, siop fechan yn gwerthu tipyn o bopeth a phapurau newydd. Roedd Edward Richards yn bostmon, blaenor a chodwr canu gyda'r Annibynwyr. Dim ond agoriad sydd rhwng y siop a'r adeilad agosaf, ie siop arall – Birmingham House neu 'Siop Ifor' ar lafar gwlad. Roedd Ifor Edwards yntau yn un o golofnau'r achos yn y Llan, yn un o deulu cerddorol Tyddyn Ronnen a oedd yn arweinydd corau. Doedd amser yn golygu dim yn y siop hon a'r bwrdd draffts yn cael sylw amlwg dros y cownter. Ardalwyr cymoedd Pennantlliw a Pheniel oedd llawer o gwsmeriaid y ddwy siop. Y tadau ar gefn eu beics fyddai'n nôl neges yn rheolaidd, bob nos Sadwrn fel rheol, ac fe ymgasglai tyrfa o dan ganopi Siop Ifor i drin a thrafod am hydoedd.

Mae dau adeilad yn canlyn ymlaen o'r siop; y llyfrgell sydd gyntaf. Ceir cofnod yn yr *Wythnos a'r Eryr*, Mawrth y 30ain, 1905 o hanes Cwrdd y Plwy: 'Cais am gael ystafell blwyfol at wasanaeth Llyfrgell.' Doedd dim llawer o groeso yno i ni bobl ifanc; lle i oedolion ymgasglu o gwmpas rhyw lygedyn o dân ydoedd ac ystafell bwyllgor i fyny'r staer ble byddai pwyllgor y sioe, y Clwb Troi ac yn y blaen yn cyfarfod.

Ar dalcen pellaf y rhes ceir adeilad hynafol yr *Old Goat*. Hwn yw un o'r adeiladau hynaf siŵr o fod. Tŷ tafarn ydoedd ar un adeg ond bellach mae'n gartref bach cysurus.

Awn ymlaen ac ar y dde mae cae bychan 'Yr Ale Bach'. Yma y cynhelid y sêl ddefaid flynyddol – sêl ŵyn ym mis Awst a sêl mamogiaid magu ym mis Medi. Byddai'r gyrroedd yn cael eu cerdded bryd hynny a thipyn o banig weithiau wrth i'r defaid gymysgu. Câi llawer ohonynt eu cerdded i'r orsaf i fynd i ffwrdd ar y trên ar ôl eu gwerthu. Gwerthodd fy 'nhad ddeg ar hugain o ŵyn am £87 ym mis Awst 1951 a phymtheg ar hugain o ddefaid am £87 ym mis Medi 1957.

Dyma ni wedi cyrraedd Pont y Llan, y bont sy'n croesi afon Dyfrdwy sy'n tarddu wrth droed y Dduallt ar derfyn eitha plwyf Llanuwchllyn – Llanfachreth. Ystyrir Pont y Llan yn rhyw fath o Glawdd Offa answyddogol sy'n rhannu'r pentref yn ddau – y Llan a'r Pandy. Cofia rhai o hen blant y pentre am y sglefren honno oedd yn rhedeg o Bont y Llan i lawr at Siop Ifor yn ystod gaeaf 1947. Cofiaf weld Morgans

Plisman yn dod yn wyllt gan golli ei draed, colli ei het a mynd ar ei ben-ôl am y siop, er mawr ddifyrrwch y criw!

Dyma ni bellach yn nhiriogaeth y Pandy. Mae'r rhan yma o'r pentre wedi cynyddu'n arw dros y blynyddoedd a llawer o dai newydd wedi cael eu codi. Ar y chwith gwelwn dŷ newydd gyda lawnt braf. Mae maen wedi ei osod o flaen y lawnt ac arno'r ysgrifen 'Glanaber, Addoldy y Methodistiaid Calfinaidd, Adeiladwyd 1872'. Dynoda'r garreg hon safle'r capel hyd at 2006. Do, fe basiodd rhyw bwyllgor bach yng Nghaerdydd nad oedd y capel yn ddiogel a rhaid oedd ei ddymchwel. Mae'n golled fawr i ardal Llanuwchllyn.

Ar y cae ar y dde yr arferid cynnal yr eisteddfod flynyddol mewn pabell braf, sef Eisteddfod Llungwyn. Cofir am yr arweinydd hynaws Pat O'Brien a'i ddywediadau ffraeth a fu'n arwain am flynyddoedd lawer: 'Os dech chi eisiau dal y *Mail* mae'n well i chwi fynd rŵan, ond os dech chi am ddal y *Female* rhaid i chwi aros tan y diwedd!' Fe'i dilynwyd fel arweinydd gan y cawr, y Parchedig Huw Jones. Diolch fod yr eisteddfod yn dal ei thir ond bellach caiff ei chynnal yn y neuadd bentref.

Ar ychydig o godiad tir mae Garth Gwyn. Yma y trigai gweinidogion yr Annibynwyr ar hyd y blynyddoedd. Merch o'r ardal sy'n byw yno erbyn hyn. Yna fe welwn y tŷ unllawr Llwyn Teg, cartref ein cyfeilyddes Miss Greta Williams (Telynores Uwchllyn), gwraig a roddodd wasanaeth arbennig iawn i'r ardal, i Gôr Godre'r Aran a Chôr Mawr y Llan dan arweiniad Mr William Jones. Glasfryn sydd ar y chwith; yma y cartrefai gweinidogion y Methodistiaid ond bellach mae'n gartref i deulu lleol. Yn Tegid View ychydig yn nes ymlaen y trigai Mrs Maggie Williams a'i phriod, hithau'n wraig a roddodd wasanaeth gwerthfawr i'r fro gan mai hi oedd gofalwraig yr ysgol. Llanwai bedwar bwced mawr o lo – digon am y dydd; gwnâi bedwar tân a chadwai bobman yn lân a thaclus. Ar draws y ffordd mae ystâd o dai newydd Cae Gwalia. Arferai'r sioe amaethyddol gael ei chynnal yma ers talwm. Cofiaf am y goeden fasarn fawr ar y gongl a'r stand laeth yn ei chysgod ble bu aml i drafodaeth a seiat.

A dyma ni wrth yr ysgoldy – y 'sgoldy bach'. Cangen annibynnol o'r Hen Gapel ydi'r ysgoldy. Yma y cynhelir Ysgol Sul ac addoldy o ddydd i ddydd y Pandy. Yma hefyd y mae'r gymdeithas ddiwylliannol yn ymgasglu, practis côr ac ystafell bwyllgora; mae'n adeilad defnyddiol iawn sydd wedi cael ei adnewyddu'n ddiweddar.

Yna gwelwn adeilad y gallwn yn hawdd ysgrifennu pennod lawn amdano – y neuadd bentref. Yma y cefais i fy addysg bore oes gan mai hon oedd hen ysgol yr ardal. Codwyd ysgol newydd yn y Llan a symud yno tua 1955 gan addasu'r hen ysgol yn neuadd. Mae llawer o weithgareddau'n digwydd yma ac mae'n adeilad pwysig iawn i'r ardal. Gallai adrodd hunangofiant difyr dros ben!

Ar draws y ffordd i'r neuadd mae'r Pandy Mawr, un o hen gartrefi'r ardal. Ceir hanes ymwelydd a ddaeth i'r Pandy Mawr gan adael ei geffyl yn y stabl. Torrodd cwmwl yng Nghynllwyd ar yr 20fed o Fehefin, 1781 gan olchi popeth o'i flaen ac fe ysgubwyd stabl Pandy Mawr i ffwrdd o flaen y cenlli i Lyn Tegid ond llwyddodd y ceffyl i nofio i gaeau Gwernhefin!

Yr adeilad cadarn gerllaw yw Swyddfa'r Post. Yma y bu'r Dafisiaid yn cadw siop a Swyddfa'r Post am genedlaethau, gan gynnwys gwerthu dillad ac offer amaethyddol. Er mai Llys Llywelyn a Caermeini yw enwau swyddogol y ddau gartref sy'n rhannu'r un adeilad erbyn hyn, dyma gartref ein Mary Lloyd Roberts ni – ie, Mary Post, y gantores fyd-enwog erbyn hyn, a'i chwaer Ann Post a'i theulu. Rhyfedd fel mae enw'n glynu!

Gerllaw roedd hen swyddfa'r heddlu, yn rhy agos i'r ysgol o lawer ac fe fyddai Nain Pandy Mawr yn mynd ag ambell un gerfydd ei glust at Morgans!

Roedd Banc y Barclays ar y gongl, yn agored un prynhawn yr wythnos. Yn Aran Lane yr oedd cartref John Hughie. Cofiaf fynd i'r orsaf i gyfarfod y trên oedd yn dod â John Hughie adre ar ôl bod yn garcharor rhyfel, wedi cael triniaeth ddychrynllyd yn uffern.

Roedd siop fechan Dodo Bet yn cael digon o gwsmeriaid i gadw'r blaidd o'r drws a'r drws nesaf i Siop Dodo Bet roedd Trem y Garth. Agorai Mrs Jones ei pharlwr un prynhawn yr wythnos a'i droi'n feddygfa. Gwnaeth hyn am dros ddeg mlynedd ar hugain a deuai meddyg o'r Bala yno i gwrdd â chleifion yr ardal. On'd yw pethau wedi newid? Mae hi'n anodd iawn cael meddyg allan i'r wlad bellach.

Ychydig gamau eto at Siop M.E.M. neu Siop Cambrian (Meirion Emlyn Morris oedd yn ei chadw); siop fechan brysur ryfeddol gydag ardalwyr Cwm Cynllwyd yn gwsmeriaid ffyddlon yno.

Yn taro ar y Cambrian mae mynwent y Pandy ble gwelir bedd O. M. Edwards. Mae porth y fynwent wedi ei godi er cof am O.M.

A dyma ni wrth Adwy Wynt, neu Chapel Terrace, ac o droi i'r chwith yno cawn ein hatgoffa mai dyma lle'r oedd capel y Methodistiaid cynnar. Ychydig ymhellach deuwn at Glandŵr, cartref ein haelod seneddol presennol, Elfyn Llwyd. Yma yn yr hen ddyddiau yr oedd ffatri wlân. Cofiaf yn dda'r dyddiau pan oedd gwlân yr ardal yn cael ei gasglu yma a'i bwyso, cyn ei yrru ymlaen i Bradford. Roedd y rhain yn adeiladu hanesyddol ac fe ddylent fod wedi cael eu diogelu ond mae'r cwbl wedi mynd bellach. Ble'r oedd CADW bryd hynny? Dyw'r rheolau ddim yr un fath ym mhobman, mae'n amlwg.

Yn y Pandy y codwyd y tai cyngor cyntaf tua 1946 ac yn ymyl gwelir cartref y cerflunydd John Meirion Morris – John Cambrian. Gwelir peth o'i waith yn y neuadd bentref.

Wrth symud ymlaen byddwn yn pasio'r fan lle'r oedd hen siop bwtsiar Tegid Roberts a Siop Harold Morris. Roedd chwe siop yma ers talwm a phob un yn gwneud bywoliaeth deg. Heddiw does dim un siop yn y pentre.

O droi i'r chwith wrth Station Road buan y deuwn at Glynllifon, cartref hen drydanwr Llanuwchllyn, Richard Edwards a oleuodd y pentre am y tro cyntaf yn 1907.

Ar y chwith wedi pasio hen bont y rheilffordd roedd Cae Moch ond tŷ nobl sydd yno bellach. Wedi pasio Tŷ Newydd lle trigai Emrys Roberts y trwsiwr clociau, a Phenygeulan ar y dde, cyrhaeddwn safle'r hen felin. Arferai tri bwthyn bychan sefyll ar fin y ffordd gerllaw, sef Glan-gors, bythynnod hen iawn a phechod oedd eu dymchwel hwythau i wneud lle i drafnidiaeth fodern. Mae tai crand ar safle'r hen felin bellach. Roedd y felin yn ganolfan bwysig i'r ardal a ffos y felin wedi ei sianelu o ddŵr afon Twrch i droi'r peiriannau, cyn symud ymlaen i droi olwyn y gweithdy saer gerllaw ac ymhellach i ffatri wlân y Glwfer a gweithdy Glynllifon. Rhaid croesi Pont Afon Twrch a phasio cartref Gwenant Pyrs. Mae Gwenant wedi dod i amlygrwydd mawr fel beirniad ac arweinydd corau cerdd dant.

Wrth ddringo ymhellach deuwn i ben y groesffordd cyn aros ysbaid o dan y goeden onnen i syllu ar brydferthwch yr ardal oddi tanom. O gario ymlaen bydd y ffordd yn ein harwain hyd lannau Llyn Tegid am Langywer a'r Bala. O droi yn siarp i'r dde byddech yn mynd i Gwm Cynllwyd a Bwlch y Groes ond digon yw'r daith am heddiw.

Mae tŷ hynafol Pantyceubren o fewn lled cae inni. Dyma un o hen dai'r plwyf. Yn ôl yr hen hanes roedd Pantyceubren yn gyrchfan i ymladd ceiliogod. Byddai'r clochydd yn mynd i ben wal y fynwent ar ôl y gwasanaeth i gyhoeddi bod y chwarae yno ddydd Llun.

Islaw gwelwn yr orsaf a'r trên bach ar reilffordd Llyn Tegid. Dacw'r Neuadd Wen, cartref O. M., y tŷ mwyaf a'r crandiaf yn y pentre. Ar draws y dyffryn gwelwn Caer-gai, hen gartref y brenhinwr pybyr, Rowland Vychan.

Mae Cwm Pennantlliw yn ymagor am yr Arenig a Moel Llyfnant a'r olygfa i lawr am Lyn Tegid a'r Bala yn falm i'r enaid.